Ile de Bréhat
Loquivy-de-la-Mer
Paimpol
Abbaye de Beauport
Plouha
Kermaria-Nisquit
St Quay Portrieux
Baie de St Brieuc
Pte d'Erquy
N-D-de-la-Cour
St BRIEUC
Lamballe
C. Fréhel
Fort La Latte
St Malo
St Cast
St Lunaire
St Enogat
St Briac
Dinard
St Servan
Matignon
St Jacut
Barrage de la Rance
Pte du Grouin
Baie du Mt St Michel
Cancale
Granville
Avranches
Le Mont-St Michel
Sélune
Châteauneuf-d'Ile-et-Vilaine
Dol
Pontorson
Beuvron
Plancoët
Corseul
Chau de la Hunaudaie
Dinan
La Chesnaie
Antrain-s/Couesnon
Quintin
Beaumanoir-en-Evran
Linon
Combourg
Fougères
Forêt de Lorge
Moncontour
La Touche Trébry
Chau Le Hac-en-Le Quiou
Bécherel
Les Iffs
St Aubin-du-Cormier
Illet
LANDES DU MENÉ
Rance
Oust
Champeaux
Mur-de-Bretagne
Loudéac
Merdrignac
St Méen-le-Grand
RENNES
Vitré
Montfort-s/Meu
Meu
La Trinité-Porhoët
Louvigné-de-Bais
Mauron
Forêt de Paimpont
Pontivy
Noyal-Pontivy
Plélan
48°
Etg de Carcraon
Le Moustoir
Trecesson
LANDES DE St MARCEL
Vilaine
La Guerche-de-Bretagne
Butte St Nicodème de Castenec
Josselin
Ploermel
Guer
Fêt de la Guerche
N-D-de-la-Clarté
Locminé
Baud
Guéhenno
Bain-de-Bretagne
Pipriac
Malestroit
Aff
LANDES DE LANVAUX
Chau de Brignac
Angers
Elven
Langon
Châteaubriant
Ste Anne d'Auray
Rochefort-en-Terre
St Avé
Vilaine
Angers
Auray
VANNES
Redon
St Avoye
Guémené-Penfao
Etg de la Forge
la Trinité
GOLFE DU MORBIHAN
Canal
Carnac Plage
Chau de Sucinio
La Roche Bernard
St Gildas-de-Rhuys
Nantes
Ancen
I. Houat
La Brière
Palais
I. Hoëdic
Savenay
l'Erdre
LOIRE
Guérande
Le Croisic
St Nazaire
Donges
Pte du Croisic
Bourg-de-Batz
La Baule
NANTES
Chau

Quelques titres de la même collection :

Alsace, *par H. Mégret et R. Minder*
En Auvergne, *par Henri Pourrat*
Bourgogne-Morvan, *par A. Colombet*
Causses et Cévennes, Gorges du Tarn, *par Jean Girou et Christiane Burucoa*
Châteaux et Vallée de la Loire, *par Jacques Levron*
Flandres, Artois, Picardie, *par Pierre Pierrard*
La Grèce, *par Jeanne et Georges Roux*
Grenoble, de César à l'Olympe, *par Paul Dreyfus*
Japon, *par Fosco Maraini*
Montagnes Pyrénées, *par Jean Ubiergo et Jean-Louis Pérès*
Mont Blanc aux Sept Vallées, *par Roger Frison-Roche*
Normandie, *par René Herval*
Provence, *par Marcel Brion*
La Sicile, *par Pierre Sébilleau*
Yougoslavie, *par Félix Germain*

et, dans d'autres collections :

Bretagne, *par Yves Le Gallo*
Franche et secrète Bretagne, *par Henri Queffélec et Simone Goubet*
Bretagne et Bretons, *par Jeanne Laurent*

LES BEAUX PAYS

Auguste Dupouy
Jacques Levron

BRETAGNE

ARTHAUD

BRETAGNE

248 illustrations noires en héliogravure
26 quadrichromies offset

D'après une maquette de Francis Bernard

I.S.B.N. 2.7003.0045.9
Imprimé en France

INTRODUCTION

HAUTE ET BASSE BRETAGNE

La Bretagne, au cours des siècles, a toujours conservé son unité géographique et historique. Telles qu'elles étaient constituées dès le haut Moyen Age, telles se retrouvent ses frontières en dépit du découpage dû à la création des départements en 1790 : de Clisson à Fougères, par Oudon, Châteaubriant et Vitré, cette ligne qui la sépare du reste de la France n'a pratiquement jamais varié.

*On distingue pourtant la Haute et la Basse Bretagne ; expressions anciennes et souvent mal comprises puisque Voltaire, au XVIII*e *siècle, plaçait Saint-Malo en Basse Bretagne ! Expressions qui peuvent paraître singulièrement illogiques puisque, précisément, c'est en Basse Bretagne que se trouvent les vieilles montagnes usées par l'érosion : Saint-Michel de Brasparts, Ménez-Bré, Ménez-Hom, alors que la Haute Bretagne est plutôt une région de bassins — celui de la Vilaine — ou de plateaux d'un relief modéré.*

En fait, la Haute Bretagne se trouve à l'est, la Basse Bretagne à l'ouest et c'est un tracé linguistique qui détermine la séparation des deux Bretagne : la Haute Bretagne a toujours — ou presque — parlé français, la Basse Bretagne, ou Breiz Izel, *continue à employer la langue bretonne.*

Cette frontière linguistique a peu varié depuis plusieurs siècles. La langue bretonne, en dépit de l'uniformisation générale de notre pays, n'a guère perdu de terrain. Partant de Paimpol, cette ligne passe par Saint-Brieuc et traverse en diagonale la Bretagne pour aboutir à l'ouest de Vannes où on parle toujours le breton. Car il est incontestable que les enfants eux-mêmes continuent à s'exprimer en langue bretonne. L'introduction de son étude non seulement dans l'enseignement supérieur, mais dans celui du second degré contribue à maintenir — heureusement — cette persistance.

Haute Bretagne, Basse Bretagne, les termes avaient peut-être une certaine tendance à s'effacer depuis un demi-siècle. La Haute Bretagne avec Rennes, capitale historique et administrative de la province, et Nantes, capitale économique, s'opposait-elle à la Basse Bretagne des marins de Brest et des paysans de l'Ar-Coat*? Haute Bretagne plus ouverte aux influences extérieures et Basse Bretagne plus fidèle à ses traditions séculaires, à ses costumes, à ses pardons? Ces différences s'atténuaient. On a repris récemment ces distinctions. Depuis que Brest est devenu siège d'une université, Rennes s'intitule université de Haute Bretagne. Mais ces désignations n'enlèvent rien à l'unité de la Bretagne.*

Unité et diversité : que de différences entre le viticulteur de Vallet (Loire-Atlantique), l'agriculteur de Bain-de-Bretagne (Ille-et-Vilaine) et le marin de Concarneau (Finistère) ou le producteur de légumes de Guingamp (Côtes-du-Nord) ! Il n'empêche que tous se sentent et se proclament Bretons et sont fiers — à juste titre — de leur Bretagne.

■

*L'histoire de Bretagne est celle d'une longue lutte pour préserver une indépendance menacée. Cette péninsule armoricaine, pointe avancée de l'Occident, baignée par deux mers, océan Atlantique et Manche, pays de la mer et pays de la forêt (*Ar-Mor *et* Ar-Coat*), a toujours cherché à maintenir ses libertés.*

*Les Romains s'en aperçurent quand ils voulurent conquérir le pays qu'occupaient ces hardis navigateurs qu'étaient les Vénètes. De toute la Gaule, la Bretagne est sans doute la province la moins romanisée, et si le christianisme y pénètre dès le III*e *siècle, il faudra attendre les invasions des Celtes venus de la Grande-Bretagne, chassés par les Saxons, pour qu'au V*e *siècle la religion chrétienne s'implante définitivement grâce à ces saints qui n'ont pas tous traversé la mer dans des auges de pierre. Au temps des Mérovingiens comme des Carolingiens, les Bretons restent maîtres chez eux et si leurs rois, Judicaël, Erispoë et quelques autres acceptent de reconnaître la suzeraineté de Charles le Chauve en échange de substantiels avantages territoriaux, cette vassalité reste toute nominale.*

*Pendant tout le Moyen Age, la Bretagne s'efforce de maintenir un difficile équilibre entre la France et l'Angleterre. Au temps de l'empire anglo-angevin (au XII*e *siècle), elle penche plutôt vers l'Angleterre et Arthur, neveu de Jean sans Terre, est pour les Bretons symbole d'indépendance. Mais Arthur est assassiné par son oncle et Philippe Auguste impose aux Bretons un prince capétien, Pierre Mauclerc... qui ne cessera de lutter contre Blanche de Castille et fortifiera même ses frontières du côté de la France.*

*Mais le grand conflit éclatera au XIV*e *siècle avec la guerre de Succession de Bretagne. Charles de Blois, soutenu par le roi de France, dispute la couronne ducale à Jean de Montfort, allié des Anglais, et cette compétition qui se greffe sur les débuts de la guerre de Cent Ans accuse le particularisme breton. Du Guesclin, vaincu à Auray, peut bien aider Charles V à contenir l'ennemi et mériter l'épée de connétable de France. Quand Charles tente de réunir le duché à la couronne, le hardi Breton songe à renvoyer cette épée au roi et, finalement, s'en va mourir en assiégeant la modeste place de Châteauneuf-de-Randon. Pendant tout le XV*e *siècle, la Bretagne maintient ainsi la balance entre les deux rivaux, tantôt penchant vers l'Angleterre, tantôt préférant la France. Le sage duc Jean V fortifie des organismes autonomes, états du duché, chambre des comptes, et fait de Nantes une capitale au somptueux château. Richemont lutte aux côtés de Jeanne d'Arc, aide Charles VII à chasser les Anglais de Normandie, mais le temps des grands féodaux est passé. François II tente vainement de garder la Bretagne indépendante. La défaite de Saint-Aubin-du-Cormier, en 1488, marque une étape décisive dans l'histoire bretonne. Anne de Bretagne, après avoir en vain cherché un champion pour la défendre, finit par accepter la main de Charles VIII. Ce n'est encore qu'une union personnelle. En 1532, à la suite d'un vote des états de Bretagne réunis à Vannes, elle se transformera en une incorporation définitive au royaume de France « sauf les privilèges et libertés du duché ».*

Au XVIe siècle, la Bretagne n'est plus qu'une province de France. Elle n'en a pas moins conservé ses institutions et, au cours des guerres de Religion, montrera plus d'une fois qu'elle n'a pas oublié ses antiques libertés. Mercœur, à la fin du siècle, pensera certainement à rétablir un duché de Bretagne à son profit en demandant l'aide des Espagnols et il faudra la main de fer du cardinal de Richelieu pour obliger les Bretons à s'incliner devant la monarchie absolue.

Encore y aura-t-il plus d'un soubresaut ! Louis XIV lui-même verra les paysans de la province se dresser contre le pouvoir quand on voudra leur imposer une taxe qu'ils n'apprécient pas. Partie de Rennes, la révolte gagnera toute la Basse Bretagne. La répression sera brutale et attirera sous la plume de Mme de Sévigné, parfois mieux inspirée, une phrase pour le moins regrettable. Les paysans seront branchés et les cloches descendues de leurs clochers en signe de punition.

Les Bretons ne renoncent pas. Pendant la Régence, Pontcallec et une centaine de gentilshommes bretons s'unissent dans l'espoir de recouvrer l'indépendance. Certains meneurs seront décapités à Nantes, les autres s'enfuiront. Pendant tout le XVIIIe siècle, le parlement de Rennes et les états de Bretagne se dresseront contre les représentants de l'autorité royale et le long conflit entre le procureur général La Chalotais et le duc d'Aiguillon, gouverneur de Bretagne, ne contribuera pas peu à saper l'autorité monarchique.

La Révolution française est donc accueillie avec enthousiasme en Bretagne. En janvier et février 1790, les jeunes citoyens de Bretagne et d'Anjou, puis les représentants des paroisses se fédèrent par un serment solennel en sacrifiant les privilèges antiques de la province désormais découpée en cinq départements. Pourtant, un mouvement contre-révolutionnaire se développera bientôt avec la chouannerie et, jusqu'en 1815, les Bretons montreront une certaine opposition au régime établi.

Pendant tout le XIXe siècle, la Bretagne vit non sans difficultés. Son sous-sol est pauvre : seules les ardoisières du Finistère fournissent quelque travail. Sa terre est aride, les landes abondantes et, en dépit du labeur acharné des Bretons, l'agriculture n'enrichit guère les paysans. Peu de grandes villes : Rennes, capitale administrative, siège de la cour d'appel et de l'université, ne compte pas plus de quarante mille habitants au milieu du siècle. Nantes se développe davantage : les forges et les fonderies, les biscuiteries ont remplacé le commerce du bois d'ébène, mais il faudra attendre la fin du siècle pour que naisse à Saint-Nazaire la grande industrie.

Les petites villes bretonnes vivent repliées sur elles-mêmes. Pourtant la draperie reste prospère au cœur du pays et c'est à Quintin que se fonde une des plus anciennes banques de Bretagne. Mais les chemins sont médiocres, les communications difficiles.

La ressource essentielle est la mer. Saint-Malo, Paimpol, Brest, Lorient sont des ports actifs. Il n'y a plus de corsaires malouins mais les terre-neuvas s'élancent chaque année vers les pêcheries lointaines. Brest est le premier port militaire de France et, depuis 1830, l'École navale y forme tous les cadres de la marine française. Lorient possède un arsenal réputé et tous les petits ports,

Paimpol, Tréguier, Lannion, Roscoff, Douarnenez, Quimper, Concarneau, Auray, pratiquent la pêche et alimentent les conserveries.

L'existence est rude en Bretagne. Michelet, Flaubert (Par les champs et par les grèves), Mérimée ont un peu trop insisté sur la pauvreté de la Bretagne, son caractère misérable. La Bretagne du XIXe siècle, c'est aussi celle des écrivains, Chateaubriand, Lamennais et bientôt Renan.

On retrouve l'âme celtique. Les traditions populaires, le folklore sont exaltés. Hersart de La Villemarqué publie le Barzaz-Breiz, Brizeux chante poétiquement Marie et Pierre Loti écrit Mon frère Yves.

Bretagne des ajoncs, des genêts, des forêts profondes de Brocéliande et du Yeun que les voyageurs vont bientôt découvrir. Peu après le milieu du siècle, le chemin de fer parvient à Brest et à Quimper, mais il faut plus de douze heures pour relier ces villes à Paris. Pourtant, dès le Second Empire, Dinard devient à la mode, La Baule cesse à la fin du siècle d'être une grève plantée de pins. Une nouvelle ressource est née pour la Bretagne : le tourisme.

Ces premiers touristes découvrent un pays fidèle à ses traditions, à ses légendes. Travailleur acharné, élevant souvent une nombreuse famille, le Breton — qu'il soit marin ou paysan — conserve sa langue, ses mœurs, son costume. Ces costumes d'une rare richesse, il les revêt sans doute les jours de fête, de pardon, pour honorer sainte Anne, saint Yves ou saint Ronan, mais il y a aussi les costumes des jours ordinaires, moins ornés, et les femmes possèdent des coiffes de dentelle aussi ajourées que les clochers de pierre, des coiffes d'une diversité, d'une beauté qu'on admire toujours. Alors, ces premiers touristes se laissent prendre au charme de la Bretagne et lui attirent de nouveaux visiteurs.

Courageux dans la vie quotidienne, les Bretons le sont tout autant sur les champs de bataille. En 1870, les mobiles bretons réunis au camp de Conlie ne demandaient qu'à lutter contre les Prussiens. L'armistice ne leur permit pas de montrer leur valeur. Mais les milliers de morts de la Première Guerre mondiale, dont le mémorial de Sainte-Anne-d'Auray rappelle le sacrifice, marins, fantassins, artilleurs, prouvèrent leur héroïsme à la Marne comme à Dixmude, à Verdun comme dans la Somme.

Au cours des années qui précédèrent cette guerre, la Bretagne avait continué à se développer lentement. Certes, Nantes et Saint-Nazaire étaient devenus des centres industriels importants. Rennes possédait de grandes imprimeries, des fonderies, la ville comptait maintenant près de quatre-vingt mille habitants, mais le commerce de la toile périclitait, les forges subsistaient difficilement. La pêche enrichissait les ports et les cultures maraîchères permettaient aux « Johnnies-onions », les gars de Roscoff et de Saint-Pol-de-Léon, de vendre leurs oignons en Angleterre, les pommes étaient exportées à l'étranger. Pourtant la Bretagne passait encore pour une région pauvre.

Entre les deux guerres mondiales, le développement économique s'accentue. Les chantiers navals de Saint-Nazaire construisent nos plus belles unités. La Bretagne prend conscience de sa valeur. L'extension du tourisme est considérable et de grands hôtels, à Saint-Cast, Sables-d'Or-les-Pins, Perros-Guirec, Tré-

1. FOUGÈRES : le château
et la flèche de Saint-Sulpice

2. FOUGÈRES

VITRÉ

3. La cour du château
5. La place Saint-Yves et le château

4. SAINT-AUBIN-DU-CORMIER

6. CHATEAUBRIANT : la galerie du Château-Neuf
7. Le château de GOULAINE
8. CLISSON : le château et la Sèvre

7

8

9

gastel, Trébeurden, Morgat, Bénodet ou ailleurs, attirent des milliers de Français et d'étrangers qui apprécient le charme toujours renouvelé du pays d'Armor. Les traditions se perpétuent. Les cercles celtiques qui se fondent un peu partout contribuent à entretenir la flamme, à mieux faire comprendre la grandeur du passé, la valeur du présent. On s'insurge contre Bécassine, *servante au grand cœur un peu trop ridicule.*

Le Breton, fier et ombrageux, n'aime pas qu'on se moque de lui. Il aime encore moins l'étranger. Les Allemands ont pu s'en apercevoir entre 1940 et 1944. Si les nazis avaient caressé l'espoir de rétablir un duché de Bretagne, ils furent bientôt cruellement déçus. A peine ont-ils occupé le pays que la Résistance se dresse contre eux, farouche. Par dizaines, dès juin 1940, des Bretons vont rejoindre le général de Gaulle en Angleterre. Ceux qui sont restés organisent bientôt des réseaux de résistance, prennent le maquis, aident les Alliés en les renseignant sur les mouvements des navires ennemis. Ils retrouvent tout naturellement les habitudes et les ruses des anciens chouans. Malgré leur supériorité brutale, les Allemands n'ont pas toujours le dessus. Les déportations, les fusillades, rien n'y fait et en juin 1944, quelques jours après le débarquement des Alliés en Normandie, de véritables combats s'engagent, comme à Saint-Marcel, entre les maquisards, aidés de troupes françaises et britanniques aéroportées, et les divisions ennemies qui sont stoppées ou retardées.

Hélas ! la libération fut chèrement payée en victimes et en destructions. Déjà Brest, Lorient, Saint-Nazaire, Nantes et Rennes avaient, dès 1942, subi d'effroyables bombardements. Peu de villes ont été épargnées. Brest, Saint-Malo, Lorient, Saint-Nazaire ont été presque totalement détruits et, le long des côtes ravagées, les casemates du Mur de l'Atlantique — toutes n'ont pas été démolies — restent les témoins de cette époque tragique. Mais mieux encore la rappelle la haute croix de granit inaugurée le 15 juillet 1951 à la pointe de Pen-Hir en souvenir de la Résistance bretonne.

■

La Bretagne était libérée, mais elle sortait exsangue de la Seconde Guerre mondiale. Que d'années il a fallu pour que les villes se reconstruisent, pour que s'effacent peu à peu les traces du drame ! Ce fut la première besogne, et elle était lourde. Il fallut, et il faut toujours, rendre à la Bretagne non une âme — elle ne l'a jamais perdue — mais une vigueur économique tout en lui conservant ce visage traditionnel qu'on aime à découvrir chez elle. C'est la tâche présente de ses habitants. Ils s'y emploient avec une ardeur accrue.

A côté de la vieille université de Rennes qui attirait jadis des étudiants de toute la Bretagne, deux nouvelles universités, celle de Nantes et celle de Brest, groupent maintenant des milliers de jeunes gens. Tout l'enseignement est en plein développement, du supérieur au technique, et voici que de grandes écoles sont établies en Bretagne : l'École supérieure d'électricité à Rennes, l'École

9. NANTES : les bords de l'Erdre

interarmes, ex-Saint-Cyr, à Coëtquidan. D'autres viendront se greffer peu à peu à ces établissements.

Les difficultés à surmonter restent nombreuses. Un des drames de la Bretagne au moment où se crée l'Europe, c'est son éloignement des grands courants économiques, l'insuffisance de ses moyens de communications, l'absence de matières premières.

Pour les transports, de grands progrès ont été accomplis : il ne faut plus que six heures par chemin de fer pour aller de Paris à Brest ou à Quimper. Des liaisons aériennes régulières relient les principales villes bretonnes à la capitale ou aux grandes cités de France. Les routes ont été considérablement améliorées : deux autoroutes sont prévues au nord et au sud ainsi qu'une grande voie médiane Rennes-Brest par Ploërmel, Loudéac, Pontivy et Châteaulin. Mais, entre le nord et le sud de la Bretagne, les relations sont lentes, difficiles ; on doit les améliorer.

On a suppléé à l'absence de matières premières en ouvrant largement la Bretagne aux industries électroniques. Rennes n'est plus la ville un peu somnolente que notre jeunesse a encore connue. L'industrie automobile et de nombreuses industries annexes ont transformé la capitale de la Bretagne en une cité active, florissante, dont la population a presque doublé en cinquante ans. Nantes, métropole d'équilibre, avec sa voisine Saint-Nazaire, conserve une primauté économique incontestable. Mais il n'y a pas que les grandes villes à s'enrichir d'industries nouvelles. Des cités de moyenne importance, comme Vannes, Saint-Brieuc, Fougères, ajoutent à leurs activités anciennes des entreprises nouvelles créatrices d'emplois. Lannion, par exemple, est devenu le Centre national d'études des télécommunications et la station de Pleumeur-Bodou reçoit des images transmises du monde entier par satellite. Brest s'apprête à se doter non seulement d'une raffinerie à l'échelle européenne, mais aussi de chantiers de réparation des plus gros transporteurs de fuel. Dans les plus petites villes une zone industrielle est prévue.

Tous les problèmes économiques et humains ne sont pas résolus, loin de là. Dans l'intérieur les villages se dépeuplent. C'est là un mal qui n'est pas propre à la Bretagne. Par tous les moyens, on cherche à enrayer l'exode des habitants.

L'agriculture a fait d'énormes progrès. Choux-fleurs et artichauts bretons sont réputés et vendus dans toute la France, exportés à l'étranger, expédiés en Angleterre par des services réguliers. Il faut y ajouter les primeurs, cultivées en serres et avec succès. Laiteries et coopératives produisent à un rythme industriel beurre et fromages. L'agriculture s'organise... et on trouve des crêperies bretonnes aussi bien à Dieppe qu'à Argelès, en Belgique comme en Suisse. Crêpes de sarrasin ou crêpes de froment qu'on arrose d'une savoureuse bouteille de cidre bouché ou de muscadet nantais. Et les fruits de mer, les huîtres de Riec-sur-Belon font partie des plaisirs traditionnels des vacances.

Car la mer reste, et de loin, la principale richesse de la Bretagne. La pêche, et ses industries annexes de conserveries, continue à occuper des milliers de marins. Les thoniers, les caboteurs et les langoustiers contribuent à l'animation des petits ports.

Il y a en outre de nouvelles sources d'activité. La thalassothérapie s'est implantée dans plusieurs stations et, de Quiberon à Paramé, les curistes venus chercher les bienfaits des ondes marines sont de plus en plus nombreux. Au tourisme traditionnel s'ajoute aussi le goût pour le tourisme nautique et la voile. L'école des Glénan a une réputation internationale. Partout, dans les stations balnéaires, on construit des ports de plaisance qui accueillent chaque année des milliers d'amateurs de ce sport salubre.

Pendant trois mois, le tourisme contribue donc à la prospérité de la Bretagne. Plus d'un million de visiteurs chaque année ! L'hôtellerie s'est modernisée. Certes, en bien des stations réputées, comme Dinard, Perros-Guirec ou La Baule, des hôtels ont fermé leurs portes et été vendus par appartements. La capacité hôtelière du pays reste suffisante et les innombrables campings, certains d'un remarquable agencement, ne sont pas assez vastes, l'été, pour recevoir les voyageurs.

Toutes ces transformations n'ont pas été effectuées sans modifier l'aspect du pays. Les amoureux nostalgiques d'une image traditionnelle déplorent, non sans raison, ces ensembles de béton qui entourent presque partout les cités, ces constructions qui poussent leur architecture contestable jusqu'au bord de la mer, l'enlaidissement de ce qu'on appelle aujourd'hui l'environnement. Pourtant, il faut reconnaître que la Bretagne n'a pas encore été trop défigurée et qu'on s'emploie maintenant à préserver des sites, des paysages, des monuments qui font la beauté de cette province.

La Bretagne reste belle, variée, attachante. Les pages qui suivent, écrites avec ferveur, en apportent le témoignage.

J. L.

AUX MARCHES DE LA BRETAGNE

Qu'on l'aborde par le nord ou par le sud, la Bretagne s'offre insensiblement au visiteur. Ses limites ne se marquent pas brutalement : les routes sont toujours bordées de haies vives et les champs plantés de pommiers. Mais, dès le mois de mars, fleurissent les premiers ajoncs qui jettent une tache d'or sur un paysage encore hivernal. Les côtes se font plus rudes, les vallées plus profondes. Le vent semble chargé d'air marin. Ce sont des signes à peine perceptibles. Et déjà l'on découvre le charme du pays breton.

De la Manche à l'Océan, de l'embouchure du Couesnon à la Sèvre nantaise et à Clisson, les frontières sont jalonnées d'une impressionnante succession de citadelles médiévales : Fougères, Saint-Aubin, Vitré, Châteaubriant, Blain, Ancenis, Oudon semblent encore protéger de leurs rudes donjons les marches bretonnes. Étaient-elles toujours tournées contre un envahisseur venu de l'Est ? On en peut douter. Toutes les villes de France furent plus ou moins fortifiées. Ces châteaux forts n'avaient pas pour exclusive mission de sauvegarder l'indépendance du duché, mais aussi celle de leurs possesseurs. Les sires de Fougères ou ceux de Clisson se révoltèrent parfois contre leur suzerain.

Ils témoignent aujourd'hui de l'âpre volonté des seigneurs de ces lieux et leur visite constitue la meilleure introduction à une promenade à travers la Bretagne.

Traditionnellement, la région de Fougères est le pays des Chouans depuis que Balzac y a placé un des plus célèbres de ses romans. Son isolement explique cette destination. Forêts semées d'étangs, coupées de landes, étaient propres aux embûches. Les landes ont disparu, les hameaux se transforment. Mais on rencontre encore « ces eaux claires et limpides, ces collines vêtues d'une puissante végétation » qui frappaient tant l'imagination de l'écrivain.

Les mégalithes abondent, à Sougéal comme à La Fontenelle, à Montault comme à Bazouges; ici une galerie couverte, là le menhir du Diable, ailleurs un dolmen ou une pierre branlante. D'innombrables légendes — toujours les mêmes — s'attachent à ces vestiges. Certaines églises retiennent l'attention : au Châtelier, un beau Christ de pierre date du XVe siècle; à Saint-Marc-sur-Couesnon, les fonts baptismaux sont de 1554 et un calice en argent doré passa longtemps pour avoir été donné par Anne de Bretagne. A Louvigné-du-Désert, le manoir du Loup doit son nom à sa position isolée. Le château de Monthorin, de style Louis XIII, est bien planté au cœur des prés et des étangs. Sa chapelle funéraire renferme la pierre tombale de Raoul de Fougères, celle de la malheureuse et coquette Françoise de Foix qui fut la maîtresse de François Ier. On y trouve aussi le cœur du valeureux général Lariboisière.

Monthorin offre une apparence majestueuse. La plupart des châteaux de la région ne sont que manoirs solidement enracinés au sol. Celui de Saint-Ouen-La Rouërie rappelle le nom du célèbre conspirateur qui, un des premiers, fomenta un complot pour rétablir à Paris l'autorité du Roi. Les conjurés furent arrêtés. La Rouërie, qui avait échappé, mourut de désespoir en apprenant l'exécution de Louis XVI.

Au delà du Châtelier, on pénètre dans la forêt de Fougères, « une des sept horribles forêts de Bretagne », écrit Victor Hugo dans *Quatre-vingt-treize.* Hugo aimait l'outrance. Ce massif où dominent les hêtres n'a rien d'effrayant. On y rencontre plusieurs mégalithes auxquels l'imagination populaire a rattaché le nom des druides... ou des Huguenots. A Landéan, un souterrain du XIIe siècle, voûté en berceau sur doubleaux, a-t-il vraiment servi à receler les trésors d'un seigneur de Fougères... ou ses futailles ? On laisse à chacun le soin d'en décider. Bientôt apparaissent entre les collines les tours et les courtines du château de Fougères : « Sur un mamelon de granit qui domine trois vallons surgissent les vieux créneaux et les tours », écrit Balzac, enthousiasmé. C'est effectivement une des plus belles enceintes féodales de France. On l'a surnommée la « Carcassonne du Nord ». Sa position, sur le promontoire qui domine le Nançon, est aussi saisissante.

Les seigneurs de Fougères, dès le haut Moyen Age, avaient été contraints de se défendre contre l'emprise de leurs voisins, les ducs de Normandie, devenus rois d'Angleterre au XIIe siècle. Le premier château, construit vers 1024, fut enlevé à Raoul II, baron de Fougères, par Henri II Plantagenet et rasé en 1166. Sept ans plus tard, Raoul le reconstruisit. Plus d'une tour date encore de cette époque, au moins dans ses bases. Au XIIIe siècle, l'héritière de Raoul apporta la baronnie à une famille poitevine d'illustre origine : les Lusignan, qui se flattaient de descendre directement de la fée Mélusine. Il est toujours honorable de posséder une fée pour aïeule. Les Lusignan ne manquèrent pas d'augmenter les fortifications de Fougères — la tour Mélusine rappelle leur passage —, ce qui n'empêcha pas Du Guesclin de s'emparer du château en 1378. Confisquée par le roi de France et unie à la maison d'Alençon, la baronnie entra dans la mouvance bretonne au temps du duc Jean V. François II améliora encore le système défensif. Pourtant, La Trémoille emporta la citadelle quand, en 1488, il vint donner à la Bretagne le dernier assaut contre son indépendance. L'histoire militaire de Fougères était close.

Les treize tours qui jalonnent l'enceinte ont reçu des noms qui évoquent leurs différents possesseurs ou constructeurs. La tour de Surienne fut ainsi baptisée en souvenir d'un aventurier espagnol au service des Anglais qui prit le château en 1449; celle du Hallay rappelle le passage d'un ancien gouverneur de la place. Les remparts de François II, creusés de réduits, impressionnent le visiteur. Des fouilles, à l'intérieur de la seconde cour, ont mis au jour les substructions des anciens bâtiments d'habitation et les bases du donjon primitif abattu au XIIe siècle. Depuis quelques années, des jardins ont été dessinés à l'intérieur du château; on a aménagé l'étang et rétabli les fossés qui, comme à Nantes, cernent d'eau vive la forteresse.

Du haut de la tour Mélusine, on embrasse un exquis paysage : des vallons ombragés couronnés d'arbres entourent les remparts qui s'étagent jusqu'au beffroi de la ville. Drapées de lierre, ces murailles sont coupées de portes flanquées de grosses tours. La principale, du xve siècle, est la porte Notre-Dame ou de Saint-Sulpice, à proximité de la forteresse et de l'église Saint-Sulpice.

Celle-ci appartient, dans ses parties primitives, au style flamboyant mais ne fut terminée qu'au XVIIIe siècle. Elle possède deux retables sculptés dans le granit et une vénérable statue de la Vierge : c'est Notre-Dame du Marais, que les Anglais ne respectèrent point en 1166. Ils la jetèrent dans un fossé où on la retrouva un siècle plus tard. La fée Mélusine brossant sa chevelure est représentée près du portail sud.

La rue de la Pinterie, par laquelle on accède à la ville haute, a perdu ses vieux logis au cours des bombardements; on peut aussi prendre la rue du Fos-Keralix et la place du Marchix, toute bordée de maisons de la Renaissance. De la terrasse du jardin public, on surplombe la vieille citadelle, les vallées du Couesnon et du Nançon, tout ce paysage boisé.

L'église Saint-Léonard, aux trois nefs flamboyantes, est flanquée d'une tour toute bardée de gargouilles en forme de bouches à feu. Le presbytère est l'ancien hôtel de la Hautière où Balzac fut reçu, en 1823, chez le général de Pommereul. Autour de l'hôtel de ville et du tribunal, on peut admirer encore quelques beaux logis. Jusqu'à la Révolution, Fougères resta, en effet, une cité prospère. La fabrication des toiles, la vannerie, la mégisserie enrichissaient les bourgeois. Le commerce avec la proche Normandie était actif.

A partir de 1829, l'établissement de l'industrie de la chaussure transforma Fougères en une cité ouvrière. On comptait près de cent fabriques dans les années fastes qui suivirent la Première Guerre mondiale. Ces usines fournissent encore une partie de la production française.

En 1944, deux bombardements d'une rare violence, au moment du débarquement de Normandie, détruisirent les trois quarts de la ville moderne. Aucun monument important n'a été atteint et on a pu dégager le chemin de ronde des remparts qui monte de la porte Saint-Sulpice à la tour du Papegault, près de Saint-Léonard. Ainsi la ville close, dominée par son vieux beffroi, a-t-elle retrouvé son cachet ancien. La cité a été reconstruite selon un plan harmonieux et largement aéré. Ses habitants, patients et obstinés, sont toujours prêts à braver le mauvais sort.

Un crochet facile permet de rejoindre Saint-Aubin-du-Cormier, à l'extrémité de la forêt de Sevailles. Cette cité fut fondée par le duc de Bretagne Pierre Mauclerc, en 1224, pour tenir en respect les barons de Fougères et de Vitré. La charte de franchise qu'il octroya fut solennellement ratifiée par les seigneurs bretons. Le donjon était bien situé. Ce ne sont plus aujourd'hui que pierres croulantes et qui ne retiendraient pas autrement l'attention s'il ne s'y rattachait le souvenir du combat qu'au mois de juin 1488 les Bretons, commandés par le maréchal de Rieux et le comte d'Albret, livrèrent aux troupes françaises du duc de La Trémoille. Ce dernier fut vainqueur. Six mille Bretons — si l'on en croit les chroniqueurs — moururent sur le champ de bataille et, avec eux, l'indépendance bretonne. Un petit monument commémore ce combat.

Et voici Vitré qui, aux portes de la Bretagne, fut toujours une cité avenante, active, enrichie par ses tisserands : « Si je n'étais roy de France, je voudrais être bourgeois de Vitré », aurait dit Henri IV, qui avait l'art d'improviser des formules heureuses en visitant les bonnes villes de son royaume. Mme de Sévigné a peint d'un trait plaisant et point trop moqueur les dames de la société vitréenne : « Mlles de Crocquoison, de Kerborgne ou de Kerlouche, bariolées comme la chandelle des rois ! ». Elle y venait en voisine, des Rochers, quand les états généraux de Bretagne s'y réunissaient.

Au XVIIe siècle, Vitré possédait déjà un long passé. La ville est née à l'ombre du château, parfait exemple d'architecture militaire du XVe siècle. Le donjon, les courtines du nord et du sud, coupées de grosses tours rondes ou carrées, surmontées de chemins de ronde, donnent une impression de vigueur qu'adoucissent les baies à meneaux. La silhouette aiguë du Châtelet est déjà d'une délicate élégance et la chapelle est un exquis chef-d'œuvre de la Renaissance. Le château soutint plus d'un siège. Au temps des guerres de Religion, il appartenait à la famille de Coligny. Au nom de la Ligue, Mercœur tenta vainement de s'en emparer. Il dut y renoncer après un siège de cinq mois. Les La Trémoille, derniers possesseurs au moment de la Révolution, cédèrent l'édifice à la municipalité qui l'entretient soigneusement et y a installé un musée où les arts et traditions populaires de la région sont judicieusement représentés.

La cité était jadis entourée de remparts qui furent restaurés à deux reprises au cours du XVe siècle. On peut encore mesurer leur excellence en parcourant la promenade du Val qui en longe les bases au dessus de la Vilaine. Les murs sont coupés de tours et de portes et on embrasse le charmant panorama de la rivière où les lavandières mènent grand train.

L'édifice religieux le plus intéressant de la ville est l'église Notre-Dame. Elle date des XVe et XVIe siècles. Les chapelles transversales qui flanquent les collatéraux sont couvertes de pignons ornés de pinacles à crochets. Chacun d'eux est percé d'un fenestrage flamboyant d'une rare richesse. Une chaire à prêcher extérieure, finement ciselée, s'ouvre sur la face méridionale.

Des rues entières de Vitré ont gardé intactes leurs maisons anciennes. Leur étage en encorbellement avance de façon prononcée sur le rez-de-chaussée, porté par des piliers de bois ou de pierre. Ainsi ces logis se succèdent en formant le long de ces rues de véritables galeries couvertes. Un autre trait de leur caractère, c'est leur revêtement d'ardoise qui dégringole

10. NANTES vu de la cathédrale

10

1

NANTES

11. Intérieur de la cathédrale : le tombeau de François II et de Marguerite de Foix
12. Musée Dobrée. Page de manuscrit du XVIe siècle. Anne de Bretagne recevant un livre
13. Musée des Beaux-Arts. Recrues allant rejoindre leur régiment (XVIIIe s.)

14

NANTES

14. Le nouvel hôpital
15. Le port et la ville
16. Le chantier de constructions navales

15

16

NANTES

17. Quai de la Fosse
18. Le château : la tour du port et le Grand Logis
19. Le château : le Grand Logis et le puits

SAINT-NAZAIRE

20. L'hôtel de ville
21. Dans le bassin de Penhoët

des pignons jusqu'au rez-de-chaussée et décore les façades de ses tons chauds et luisants sous les rayons du soleil... ou les nuées de pluie.

A côté de ces maisons à pans de bois, Vitré possède quelques beaux hôtels de la Renaissance et du XVIIe siècle. C'est en l'un d'eux que Mme de Sévigné séjournait quand elle venait rendre visite à son amie la duchesse de Chaulnes.

Les Rochers sont en effet aux portes de la ville. Ce n'est qu'une gentilhommière campagnarde, construite au XIVe siècle, remaniée au XVIIe ; deux corps de logis unis par une tourelle. La marquise avait voué à cette demeure une vraie tendresse : le mail, les orangers, le pavillon de la Capucine, elle retrouvait avec joie ces horizons familiers après avoir quitté les fastes de Versailles. A l'extrémité de l'allée principale, on bute sur le mur de l'Écho qui répercute toujours, « ce petit rediseur de mots », la voix qui le hèle. Dans la chapelle ronde, le prie-Dieu semble attendre la dame de céans et voici, dans le salon de compagnie où elle se tenait volontiers, le livre de compte ouvert, comme si la marquise, de son écriture haute et ferme, allait bientôt reprendre la page interrompue. Rarement un être est resté à ce point présent en des lieux qu'il a aimés.

Le souvenir de Mme de Sévigné flotte encore au château du Plessis-d'Argentré, berceau du célèbre historien et jurisconsulte breton Bertrand d'Argentré, Premier président au parlement de Rennes.

A Louvigné-de-Bais, qui n'est pas loin, il y a dans l'église une admirable suite de verrières exécutées vers 1540 par un artiste vitréen. On y discerne la Transfiguration, la Résurrection. Deux autres verrières, postérieures d'une vingtaine d'années, représentent la descente de Jésus aux Enfers et la vie de saint Jean Baptiste.

L'art du vitrail était florissant dans toute cette région pendant la Renaissance. Les verrières de La Guerche sortent des ateliers rennais des XVe et XVIe siècles : Arbre de Jessé, Jugement dernier, Couronnement de la Vierge sont les sujets qui y sont figurés. L'église elle-même, ancienne collégiale, est peu homogène : elle juxtapose une tour romane, un chœur du XIVe, une nef et des collatéraux de la Renaissance à un fin clocher... du siècle dernier. Les miséricordes des stalles sont ornées de motifs pour le moins... savoureux et gaillards.

Nous sommes ici aux confins de l'Anjou et de la Bretagne. Châteaubriant est la capitale de cette contrée.

Toutes les routes convergent en effet vers cette ville qui doit son origine — on le devine — à un seigneur du nom de Briant. Cette famille conserva jusqu'en 1383 la citadelle qu'il avait fait construire au début du XIe siècle. Le fief passa à Charles de Dinan, puis aux comtes de Laval, enfin aux Montmorency.

Ce château de Briant fut naturellement assiégé plusieurs fois jusqu'à la réunion de la Bretagne au domaine royal. Après chaque assaut, ses possesseurs le réparaient soigneusement. Mais, en 1488, quelques mois avant la défaite de Saint-Aubin-du-Cormier, il reçut le coup fatal. Le donjon et les tours furent si abîmés que les seigneurs n'eurent pas le courage de les relever à nouveau. Ils se contentèrent de boucher les crevasses, de panser quelques plaies béantes, d'ouvrir dans les épaisses murailles des baies à meneaux.

En 1535, Jean de Laval entreprit la construction du château neuf. Un architecte des bords de la Loire éleva pour lui et pour son épouse, Françoise de Foix, maîtresse du roi François Ier, une élégante demeure du meilleur style de la Renaissance. Françoise s'y réfugia quand elle fut supplantée par la duchesse d'Étampes dans le cœur de son amant. On montre toujours la chambre luxueuse... où on la trouva morte en 1537 dans des conditions restées mystérieuses. L'imagination populaire n'a pas manqué d'incriminer l'époux longtemps outragé, et qui semble bien hors de cause. Jean de Laval continua à diriger les travaux de son château. Ceux-ci furent achevés deux ans plus tard ainsi qu'en témoigne l'inscription qu'il fit placer à l'extrémité de la galerie méridionale, seul reste de la colonnade qui entourait la cour d'honneur sur trois côtés :

De mal en bien, de bien en mieux
Pour l'achever, je deviens vieux.
1539

Cette galerie, avec le gracieux escalier extérieur qui la clôt, le pavillon des Champs, les loggias de l'entrée du château, les lucarnes aux pignons encadrés de guirlandes, tout souligne ici l'influence de la Loire et le talent d'un maître d'œuvre qui s'inspira des châteaux de la vallée. Durement meurtri en 1944, l'édifice a été fort bien restauré. Le nom de Châteaubriant reste tristement attaché au souvenir du massacre de vingt-sept otages pendant l'occupation.

La ville a gardé quelques maisons anciennes. C'est un important marché agricole qu'animent en outre quelques industries nouvelles.

Dans un faubourg, l'église Saint-Jean-de-Béré est un antique édifice de style roman, construit en grès ferrugineux qui lui donne une teinte rougeâtre d'un curieux effet. Seul le carré du transept a conservé tout son caractère. Le porche occidental s'orne d'étoiles taillées en pointe de diamant. Le porche méridional comporte un toit en bâtière du XVe siècle.

Tout ce pays de Châteaubriant possède de nombreux châteaux, des étangs et cette charmante vallée de l'Erdre dont les bords sont frais et reposants. Reconstruit à la fin du XVe siècle par le maréchal de Gyé, Pierre de Rohan, l'admirable Motte-Glain vit passer sous son châtelet flanqué de deux tours cylindriques les cortèges accompagnant Charles VIII, Anne de Bretagne et Charles IX.

La forêt du Gâvre, vaste massif de 4 500 hectares, s'étend au nord de Blain. Les pins et les chênes y alternent avec quelques essences plus rares. Cerfs et sangliers peuplent cette forêt où l'on a longtemps chassé à courre. A l'orée des bois, le petit village du Gâvre a perdu le château que le duc

22. Finisterrae

Pierre Mauclerc y avait élevé en 1226. De cette forteresse, il ne reste plus pierre sur pierre. Elle fut en effet entièrement démolie au XIVe siècle par Olivier de Clisson, pendant la guerre de Succession de Bretagne. Le duc Jean IV, allié des Anglais, avait fait don du Gâvre à un seigneur d'outre-Manche, Robert Knolles. Clisson entra en fureur quand il apprit cette nouvelle : « Que le Diable m'emporte, s'écria-t-il, si jamais Anglais devient mon voisin ! » En une rapide chevauchée, il fonça sur Le Gâvre, ruina la forteresse de fond en comble et fit transporter les pierres à Blain dont il possédait le château.

C'est ainsi que fut édifié vers 1380 le solide donjon que l'on appelle à juste titre la tour du Connétable. Du XIIIe et du XIVe siècle, le château de Blain conserve des tours massives et hautes, percées d'archères ou de baies étroites : constructions militaires bâties en un temps où les châteaux étaient surtout des refuges et des points d'appui. En 1407, Blain passa à la maison de Rohan. La guerre de Bretagne était terminée. La charmante façade, qui n'est pas sans rappeler par son ornementation l'élégance des baies et des lucarnes de Josselin (les deux châteaux n'appartenaient-ils pas au même possesseur ?), fut alors élevée.

Un siècle plus tard, l'édifice eut le malheur de se trouver sur le passage des bandes ligueuses et huguenotes. Henri, premier duc de Rohan, était né à Blain. Il fut un des chefs de la religion réformée. Blain paya, sous Richelieu, cette involontaire participation à la guerre civile. Sur l'ordre du Cardinal, sept des neuf tours d'enceinte furent démantelées. La grosse tour du pont-levis et le donjon subsistent seuls. Le château se dissimule sous les arbres touffus de la forêt de La Groulais où les Rohan entretenaient jadis d'abondants troupeaux de daims et de cerfs. Le domaine est traversé par le canal de Nantes à Brest qui, après avoir emprunté le cours de l'Erdre, creuse son lit depuis Nort, gros bourg mi-agricole, mi-industriel, situé à quelques lieues de Blain.

Il faut abandonner la vallée de l'Erdre et descendre vers la Loire que l'on atteint à Oudon. Encore une fameuse forteresse ! En face de Champtoceaux (qui appartient au pays d'Anjou), elle monte la garde au pied du fleuve pour protéger la route de Nantes. Sa haute tour octogonale fut rebâtie à la fin du XVe siècle par Jean de Malestroit. Si elle est, extérieurement, bien conservée, l'intérieur a été détruit. Un escalier permet d'accéder à une haute plate-forme d'où émerge la tourelle de guet. Du sommet, on contemple un charmant paysage de vignobles, de prairies et le fleuve aux îles blondes qui s'étale largement.

Ce château d'Oudon eut d'étranges possesseurs ! Il servit de repaire à des faux-monnayeurs. Au XVIe siècle, Jean et Julien de Malestroit y fabriquèrent de la fausse monnaie dont ils inondèrent tout le pays, à la vive colère du roi de France. On ne parvenait pas à découvrir l'antre d'où sortaient ces pièces de mauvais aloi. Nul n'aurait soupçonné les châtelains d'Oudon, riches seigneurs bretons. L'origine de la fabrication fut enfin décelée. Les coupables se croyaient à l'abri de leurs solides murailles. Une bonne troupe envoyée par François Ier en eut raison. L'un d'eux parvint à s'enfuir, l'autre fut pendu.

Ancenis est, à deux lieues d'Oudon, la première cité bretonne quand on vient de l'Anjou. A cette position sur la frontière du duché, la ville doit son château : une poterne flanquée de deux grosses tours, une galerie voûtée et un corps de logis construit en 1535 par Jean de Lespine, voici tout ce qui reste de la forteresse où Louis XI et le duc François II signèrent en 1468 un traité qu'ils ne respectèrent ni l'un ni l'autre. Un siècle plus tard, Ancenis ayant pris parti pour Mercœur, chef de la Ligue en Bretagne, perdit ses fortifications qu'Henri IV donna ordre de raser.

Le principal commerce de la ville consista longtemps dans l'exploitation de ses bois. Les arbres des vastes forêts voisines étaient réputés pour leur solidité. On les utilisait dans la marine. La *Grande Caraque* d'Henri II fut construite en bois d'Ancenis et aussi le pont qui enjambait la Loire jusqu'au milieu du XIXe siècle. Un large pont suspendu se substitua au pont de bois. Il a sombré en 1940. Un magnifique ouvrage a été reconstruit. Il porte à ses extrémités les armes de Bretagne et celle de l'Anjou.

Car sur l'autre rive, on retrouve cette dernière province et Liré, cher au cœur de Joachim du Bellay, est au pays angevin qui s'enfonce assez profondément le long de la rive gauche du fleuve. On traverse ainsi les Mauges, au sol durement meurtri pendant les guerres de Vendée. C'est aujourd'hui un terroir où domine la vigne qui produit le muscadet, ce vin frais et savoureux dont Vallet est la capitale.

Voici enfin, aux lisières du Bas-Poitou, la charmante petite ville de Clisson. Par son passé et ses monuments, cette jolie cité est encore très bretonne et appartient de plein droit à l'histoire du duché.

Bretonne, elle le serait d'abord par ses seigneurs : la dynastie des barons de Clisson (tous s'appelèrent Olivier, ce qui complique bien la tâche des généalogistes !) apparaît dans l'Histoire dès le XIIe siècle. C'est le premier d'entre eux qui entreprit la construction de la place dont les restes formidables dominent la ville.

Le plus célèbre des seigneurs de Clisson, le connétable ami de Du Guesclin, restaura le château et les remparts. La forteresse lui doit son donjon carré, à moitié écroulé, avec ses cheminées aux hottes allongées et ses larges baies. A la fin de la guerre de Succession, Marguerite de Penthièvre, dame de Clisson — la fameuse Margot, prétendante impénitente à la couronne ducale —, enferma dans les prisons du château le duc Jean IV dont elle s'était emparée par surprise. Le siècle suivant connut des événements moins tragiques. Le duc François II, qui aimait fort Clisson, y épousa Marguerite de Foix. Celle-ci était ravissante, si l'on en croit les contemporains, et pour les beaux yeux de sa dame, François II donna dans les prairies voisines du château des joutes et des tournois éblouissants.

Après la réunion du duché à la couronne de France, la ville cessa d'être

23

24

23. La côte près de SAINT-GUÉNOLÉ
24. Le phare du cap FRÉHEL
25. Marée basse au port d'ERQUY

place frontière. Les remparts ne furent plus entretenus. Le château resta intact et les hôtes royaux, Catherine de Médicis, Henri IV s'y succédèrent. Pourtant, au milieu du XVIIIe siècle, le donjon s'écroula en partie.

La Révolution fut plus funeste encore; la ville même, comme Cholet sa voisine, fut anéantie pendant les guerres de Vendée. Au cœur du pays soulevé, disputée entre les Vendéens et les Bleus, prise et reprise par les deux partis, la petite cité fut bientôt réduite en cendres. Le château fut le théâtre d'une scène atroce : un général républicain, grisé par la victoire, laissa jeter vivants, dans un puits d'une cour intérieure, une trentaine de prisonniers. Un arbre marque l'emplacement du puits devenu le tombeau de ces malheureux. Au cours de la tourmente, le château perdit plusieurs tours. Mais la carcasse résista assez bien; ne visite-t-on point actuellement la chapelle (ruinée), l'intérieur des grands logis, les cuisines ? Sa masse imposante surplombe Clisson et les vallées de la Sèvre et de la Moine qui s'unissent à son pied.

Quelles délicieuses impressions on éprouve à contempler les cours sinueux de ces rivières ! De beaux arbres ombragent les bords de ces rivières et laissent baigner leurs branches dans l'eau. Clisson est la terre des arbres séculaires. Ne montre-t-on pas avec vénération dans la cour du château des ormes plusieurs fois centenaires ?

Sous une fraîche tonnelle, après avoir admiré tant de châteaux, évoqué de si grandes pages d'Histoire, il fera bon savourer un beurre blanc en dégustant un muscadet gouleyant à souhait avant de repartir vers d'autres horizons.

DEUX MÉTROPOLES : NANTES - RENNES

PENDANT de longues années, les habitants de Nantes et de Rennes s'opposèrent dans une rivalité séculaire : Rennes, capitale historique et administrative de la Bretagne, centre intellectuel; Nantes, résidence des ducs, métropole industrielle et commerciale. Ces querelles qui furent vives au siècle dernier appartiennent aujourd'hui à un passé révolu. Les deux villes sont complémentaires et ne se jalousent plus. Assurément, Nantes garde la prééminence économique, mais l'extraordinaire développement industriel de Rennes, depuis la fin de la Seconde Guerre mondiale, stupéfie ceux qui ont connu jadis la capitale bretonne.

Nantes possède une université, de grandes écoles. Elle est devenue, avec Saint-Nazaire, métropole d'équilibre et chef-lieu de la région des pays de Loire, ce qui semble la séparer, économiquement et administrativement, de la Bretagne. Mais les courants restent très forts qui unissent Nantes à la province bretonne dont Rennes est naturellement le chef-lieu de région.

Ainsi les deux villes apportent-elles leur contribution à la mise en valeur de la Bretagne.

Il était naturel qu'à l'embouchure de cet immense fleuve qui avait traversé les deux tiers du territoire français, à l'endroit même où le relief du sol facilitait l'établissement de relations aisées vers le sud et vers le nord, une grande cité naquît.

Sur la rive droite de la Loire, au long d'une colline qu'elle a encerclée, Nantes étale ses rues étroites, populeuses, ses quais animés. Longtemps, la ville n'a poussé de l'autre côté du fleuve que des faubourgs, séparés les uns des autres par de fangeuses prairies. Les îles qui parsèment la Loire furent les premières envahies et se couvrirent dès le XVIIe siècle de demeures bourgeoises. Puis la rive gauche, à son tour, s'est urbanisée. Mais le centre historique reste sur la colline : c'est là que s'élèvent les principaux monuments.

Marins et commerçants tournés vers la mer dont ils tirent leurs ressources, ainsi se présentent les Nantais dès les premiers siècles de notre histoire. Quand César vint en Armorique combattre les tribus celtiques révoltées, il trouva à *Condivicum* une ville gauloise, un camp qui était établi à la jonction de l'Erdre et de la Loire. On situe ce premier habitat près de la place Sainte-Croix.

La romanisation de la Gaule eut d'heureuses conséquences pour Nantes; Rome aida efficacement son commerce. Le christianisme fut bientôt prêché dans la ville par saint Clair. Deux catéchumènes, saint Donatien et saint Rogatien, les « enfants nantais », subirent le martyre à la fin du IIIe siècle : la foi chrétienne eut désormais à Nantes des racines profondes.

Il est incontestable que les invasions normandes, qui par trois fois

dévastèrent Nantes, portèrent de graves dommages aux monuments; mais le commerce ne fut pas ruiné. Pendant plusieurs siècles, époque d'anarchie féodale, le vrai seigneur de Nantes fut l'évêque. Son domaine réunissait tout le voisinage de la cathédrale reconstruite et n'était pas de mince étendue. Au centre, en son médiocre donjon de bois entouré de remparts dérisoires, le comte, suzerain nominal relégué au dessous du tertre d'où le prélat dominait orgueilleusement la Loire, n'osait trop revendiquer une autorité dénuée de fondement. L'évêque maintenait la paix en sa cité et les habitants acceptaient sans regret cette domination. Aux pires années du chaos féodal, Nantes restait prospère. Un monument —petit à la vérité — rappelle encore cette prospérité de la ville : la crypte de la cathédrale, retrouvée en 1886 sous le chœur de l'église actuelle.

La guerre de Succession de Bretagne troubla assez peu la cité commerçante. Nantes prit d'abord parti pour Montfort : celui-ci était le champion de l'Angleterre; or, la liberté des mers était indispensable à la ville. Mais quand les bourgeois et les commerçants virent Nantes assiégée par une forte armée française et menacée de destruction, ils obligèrent Jean à se constituer prisonnier et se prononcèrent en faveur de Charles de Blois. Cela leur valut naturellement d'être assaillis par les Anglais : Buckingham, en 1380, tenta vainement d'emporter la ville.

Avec la paix, le règne de Jean V ramena à Nantes la richesse et le calme. Le duc avait été élevé à la cour de Bourgogne dont on connaît l'opulence. Auprès des princes bourguignons Jean V puisa le goût du faste : ce fut un mécène généreux, protecteur des artistes. Nantes, la première, profita de cet attrait du souverain pour le luxe. Jean avait fait de la ville son séjour favori. A l'austère château médiéval (qui n'allait pas tarder à être reconstruit), il préféra le manoir plus gai de son *amé* et *féal* Jean de Malestroit, l'évêque de Nantes. Ce logis de La Touche, situé hors des remparts, venait d'être achevé. C'est le type de ces demeures du xve siècle qui n'ont pas encore la grâce, la légèreté du décor Renaissance. Le manoir de La Touche, où le duc mourut le 28 août 1442, est appelé aujourd'hui manoir de Jean V.

Quelques autres monuments peuvent donner une idée de Nantes à cette époque : les guerres avaient causé aux remparts bien des dégâts que Jean V répara, au moins en partie. De son règne date cette porte Saint-Pierre dont la silhouette élancée se dresse à côté de la cathédrale : une tour octogonale flanque un corps de logis pittoresque, orné de charmantes lucarnes aux pignons couronnés de crochets. Autour de la cathédrale et du château, les demeures à pans de bois ne manquent pas : au coin de la place du Change, une maison d'angle à poutres apparentes, à étages en encorbellement, est digne des vieux logis de Rouen ou de Troyes. Des maisons aussi anciennes se voient encore près de l'église Sainte-Croix, rue Bossuet, rue de l'Émeri ou rue de Verdun, telle cette charmante Psallette qui appartenait au chapitre et abritait la maîtrise. On y a installé un remarquable musée d'art religieux, tandis qu'on créait dans la porte Saint-Pierre le musée de Nantes par l'image.

26. La plage du Ris

Aussi bien, les derniers vestiges de l'enceinte gallo-romaine et les restes du baptistère de l'antique église Saint-Jean se voient auprès de la porte Saint-Pierre.

Le 14 avril 1434, le duc posa la première pierre de la nouvelle cathédrale; majestueux édifice, comparable par ses proportions aux plus célèbres cathédrales gothiques. Et, bien que ce monument ait été achevé de longs siècles après la mort de Jean V, il convient de retracer ici son histoire. La nef de la cathédrale est la plus remarquable partie de l'édifice. Sa construction fut longue. Le maître d'œuvre, Guillaume de Dammartin, la commença en 1434. Mais il y avait près de deux siècles que cet architecte était mort quand des voûtes d'ogives la couvrirent entièrement. Après la mort de Dammartin, Mathelin Rodier poursuivit l'exécution. Pourtant, note Waquet[1], en 1457 le niveau de la base des tours n'avait pas encore été atteint. La nef était alors à peu près terminée au début du XVIe siècle. Pendant le XVIIe siècle elle fut voûtée et on ajouta le croisillon méridional. Le chœur restait roman et, beaucoup plus bas et plus étroit que la nef, formait un contraste assez malheureux avec l'ensemble de l'édifice. On décida vers le milieu du XIXe siècle de le remplacer par un chœur gothique sur le modèle de la nef. Cette entreprise hardie fut parfaitement exécutée. Le chœur, le croisillon nord furent établis avec un tel respect de l'unité qu'un observateur non prévenu s'y pourrait tromper. Mais, de fait, seules sont anciennes, dans la cathédrale de Nantes, la nef et la façade; encore celle-ci a-t-elle subi de nombreuses restaurations. Les profondes voussures des porches abritent une suite de statuettes et de bas-reliefs aux sujets empruntés à l'Écriture sainte ou à la Légende dorée. A l'intérieur, les piliers qui supportent les tours sont aussi ornés de bas-reliefs consacrés à la vie des Patriarches. Le tendre tuffeau se prêtait à la sculpture de ces petites scènes si finement ciselées qu'on les comparerait volontiers à des miniatures. Dans la nef, on est surtout frappé par la retombée des branches d'ogives qui se continuent sans interruption jusqu'au sol par l'intermédiaire de colonnettes.

Le joyau de la cathédrale, c'est le tombeau du duc François II et de Marguerite de Foix, sa seconde épouse, dû au ciseau d'un artiste peut-être né en Bretagne : Michel Colombe. Ce mausolée de marbre noir et blanc date des premières années du XVIe siècle. Il a été vingt fois décrit; on a disserté sur la qualité des quatre grandes figures qui soutiennent la table de marbre sur laquelle reposent les gisants : la Justice, la Force, la Tempérance et la Prudence. On a vanté la finesse d'expression des pleureuses sculptées dans les niches autour du massif de marbre ainsi que les délicates statuettes des Apôtres. Ce merveilleux monument qui a consacré le talent de Michel Colombe fut commandé au sculpteur par Anne de Bretagne. Juste témoignage de reconnaissance de la dernière duchesse envers son père qui avait été, comme Jean V, un grand constructeur.

1. *L'Art breton*, collection « Art et Paysages », éd. Arthaud.

27. RENNES : le jardin du Thabor

RENNES

28. La place de la République
29. Le quartier neuf de Bourg-l'Évêque
30. La place du Palais et les maisons du XVIIIe siècle
31. La maison dite de Du Guesclin

28

29

30

31

32

33

34

35

RENNES

Le palais de justice

32. Médaillon du plafond de la Grand-Chambre
33. Détail d'une porte de la Grand-Chambre
35. La Grand-Chambre

34. Escalier de l'hôtel de Blossac
36. Le campanile de l'hôtel de ville

36

RENNES

Le palais des musées

37. Déesse du Ménez-Hom
38. Le Nouveau-né. Georges de la Tour

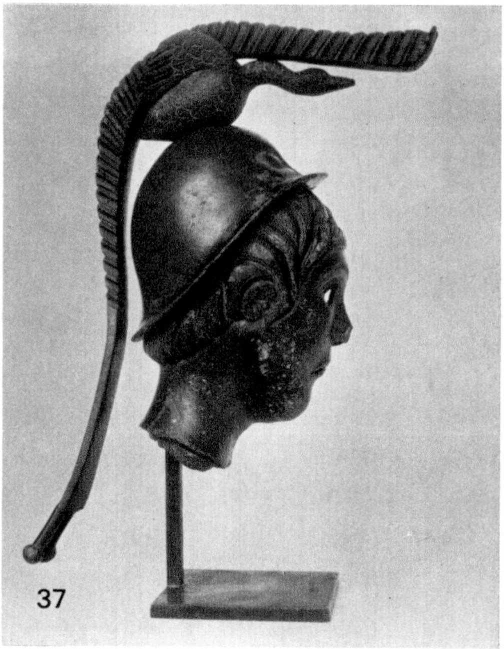

37

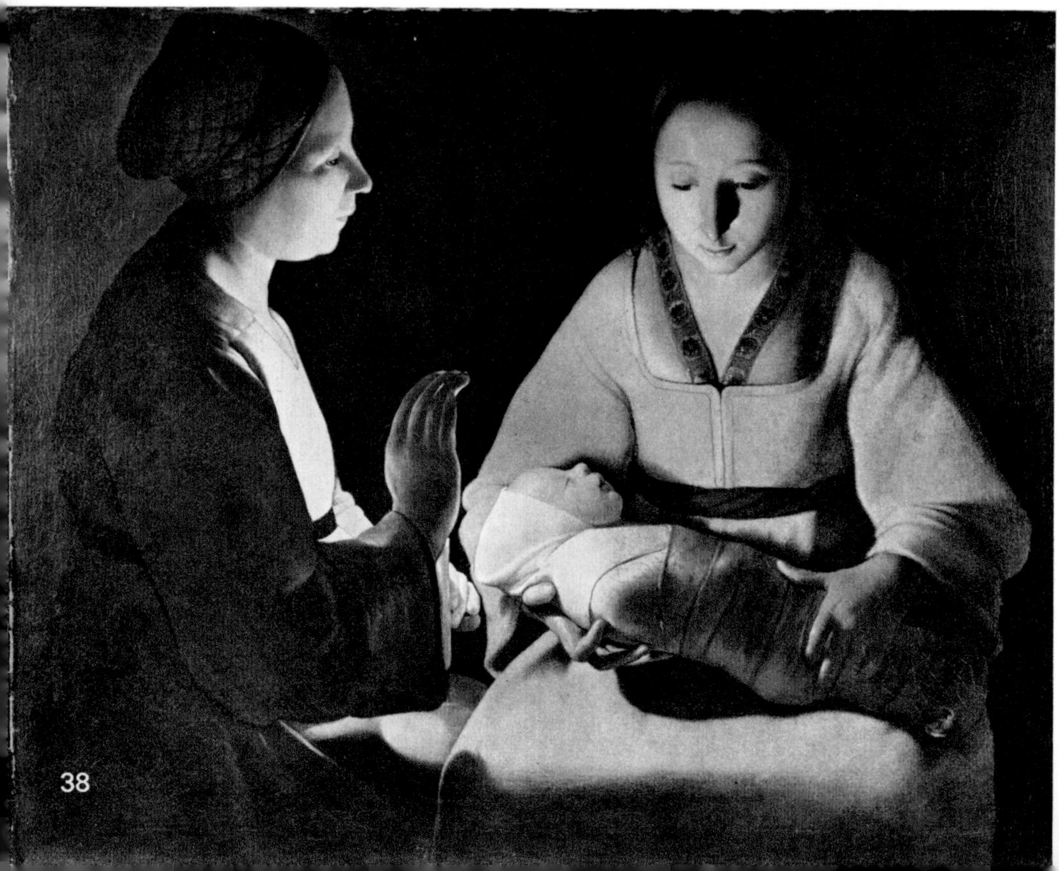

38

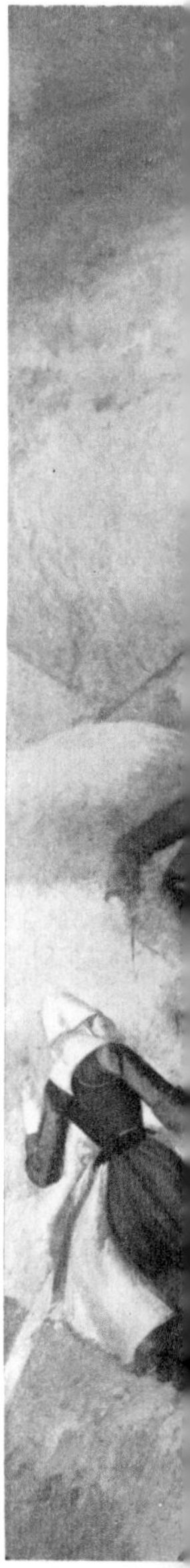

39

RENNES

39. Détail du plafond du théâtre.
La Danse en Bretagne, par Lemordant

41

42

40. LA BAULE et PORNICHET
41. PORNIC
42. LE CROISIC

43. LE POULIGUEN
44. LA BAULE

46

47

45. MISSILLAC
Le château de la Bretesche
46. MALESTROIT : la place du Bouffay
47. ROCHEFORT-EN-TERRE : la Grande-Rue

48

49

48. CHATEAUGIRON : le château
49. Les « Demoiselles de LANGON »
50. HÉDÉ
51. GUÉRANDE : la porte Saint-Michel

50

En vis-à-vis, le tombeau du général de Lamoricière, traité par le sculpteur Dubois dans le style pompeux de son époque, paraît, avec ses quatre statues de bronze qui symbolisent le Courage (militaire), la Charité, l'Histoire et la Foi, d'une froideur toute académique.

La cathédrale a durement souffert des bombardements de la Seconde Guerre mondiale. L'abside et deux chapelles ont été atteintes. Les réfections ont effacé ces plaies. Un grand vitrail, aux coloris chauds et vigoureux, œuvre du maître-verrier Chapuis, a été placé au dessus du tombeau du duc. Ajoutons qu'un violent incendie a en janvier 1972 détruit la charpente et les voûtes du chœur et du transept. Ce nouveau malheur a été réparé depuis.

Nantes doit à François II son château. Jusque-là les ducs s'étaient contentés de cette sombre forteresse du Bouffay dont le XIXe siècle a vu la disparition définitive. Il ne restait plus alors que les hauts murs de la prison qui abrita pendant la Terreur les malheureux destinés par Carrier à la noyade. Cette forteresse médiévale était vraiment insuffisante en un siècle où les grands seigneurs se plaisaient à relever leurs châteaux ruinés par les guerres et à les transformer en somptueuses demeures. Certes, la Renaissance n'avait pas encore pénétré dans la vallée de la Loire et les châteaux conservaient, au moins extérieurement, un aspect sévère qu'adoucissaient seulement de plus larges ouvertures. Les murs restaient épais et solides les tours. Ainsi François II, qui se jugeait « petitement logé », décida de reconstruire son château; il eut le bon goût de choisir un architecte qui avait donné sa mesure à la cathédrale : Mathelin Rodier. Tandis que les ingénieurs édifiaient les quatre grosses tours de la façade (dont trois seulement subsistent) Mathelin Rodier jetait les fondations de cet admirable *Grand Logis* dont François II ne vit pas l'achèvement. Mais Anne, sa fille, continua l'œuvre. Jean Perréal qui succéda à Rodier introduisit timidement l'art de la Renaissance. Les moulures, les baies aux meneaux ouvragés qui s'encadrent d'arcatures, les lucarnes surmontées de hauts pignons furent peu à peu délaissées. Le pavillon de la *Couronne d'Or* s'achève en son sommet par quatre loggias qui sont des merveilles de goût et de finesse. Il n'est pas jusqu'au vieux puits en fer forgé dont l'armature dessine une couronne ducale qui ne reflète la splendeur des ducs de Bretagne. Anne ne se contenta pas de présider à l'aménagement des logis intérieurs. Elle fit exécuter du côté de la Loire trois autres tours et terminer le rempart. Celui-ci est extérieurement orné d'élégants mâchicoulis. Il aboutit à la grosse tour du *Fer à cheval* dont les murs défiaient les assaillants de leurs trois mètres d'épaisseur. Les successeurs d'Anne de Bretagne dotèrent le château de Nantes de quelques constructions de moindre prix. Le duc de Mercœur, maître de la ville au temps de la Ligue, parsema la face nord du rempart de croix de Lorraine. Dix ans plus tard Henri IV signa, dans l'ancienne place forte des révoltés, l'édit de Nantes qui pacifiait les esprits. Quand il vit le château, le bon roi s'écria : « Ventre-saint-Gris! les ducs de Bretagne n'étaient pas de petits compagnons! » Avec ses six tours, ses courtines, ses bastions, son rude pont-levis et ses

52. REDON : le clocher de
l'église Saint-Sauveur vu du cloître

larges douves, une telle forteresse méritait bien cette exclamation. Mais soyons assurés que le Vert-Galant fut plus sensible encore à la délicatesse d'ornementation des façades intérieures.

Grâce à la suppression de la voie qui longeait la courtine, les douves du château ont pu être entièrement dégagées. Le monument apparaît maintenant, plus imposant encore, dans un cadre de verdure qui le met pleinement en valeur.

Trois musées peuplent le château : celui des traditions populaires de la région occupe le bâtiment dit du *Grand Gouvernement*. Il réunit surtout le mobilier, les productions bretonnes et l'imagerie. Un musée d'art décoratif est installé dans le *Grand Logis*. Quant au musée dit des Salorges, jadis établi dans des magasins du XVIIIe siècle, sur le port, bâtiment qui fut victime de la guerre, il groupe un plaisant ensemble d'objets, de gravures, de dessins consacrés à la course, au commerce du bois d'ébène, à cette marine de Nantes qui fit la fortune de la ville.

Au XVIIIe siècle, Nantes entre dans une période d'intense développement. Renonçant à exercer en matière administrative ou judiciaire un rôle qu'elle abandonne volontiers à Rennes — encore qu'elle soit le siège de la chambre des comptes de Bretagne —, elle entend désormais être la capitale économique de la province. Cet autre rôle, une bourgeoisie intelligente et audacieuse va lui permettre de le tenir sans peine. La constitution de notre domaine colonial fournit aux armateurs un champ d'action qu'ils exploitent avec bonheur. Partageant leur temps entre le séjour dans la colonie et le repos dans la métropole, ces négociants, trafiquants de produits coloniaux ou de cargaisons humaines, mènent une vie large, fastueuse.

Alors peu à peu s'édifient les splendides demeures qui constituent aujourd'hui encore la parure la plus caractéristique de Nantes. Énumérer ces hôtels, il n'y faut pas songer : il suffit de se promener dans le centre de la ville ou dans les anciennes îles, l'île Feydeau en particulier. A chaque pas on est arrêté par ces maisons aux porches largement ouverts sur la rue, aux balcons décorés de la plus délicate ferronnerie. Car ces négociants ne manquent pas de goût et se piquent d'art : l'art du temps, art classique d'une majestueuse opulence que vient ici ou là adoucir un détail d'ornementation : une élégante volute, un fronton de portail offrant au regard du passant des Amours joufflus. Souvent, les propriétaires agrémentent leur hôtel de symboles maritimes : les dieux marins sont évoqués sur les façades; la proue d'un navire alterne avec des motifs parfois étranges, souvenir de la colonie. Vigny, Rousseau, Boffrand, Ceineray et Mathurin Crucy sont les principaux architectes de ces hôtels : hôtel d'Aux, sur la place du Maréchal-Foch; hôtel de La Villestreux, et tant d'autres. L'intérieur de ces hôtels était somptueusement décoré : grandes cheminées de marbre, boiseries faites de matériau rare constituaient un cadre magnifique pour les meubles précieux dont ces riches négociants aimaient à s'entourer.

Mais ces architectes souffraient du manque d'espace; la ville restait étroitement corsetée dans ses anciennes fortifications : celles-ci disparaissent pendant la Régence; des maires audacieux, qui voient juste et loin, administrent la cité, urbanistes avant la lettre. Le premier, Gérard Mellier, décide la construction des quais. Ceineray bâtit pour abriter la chambre des comptes de Bretagne un hôtel aux lignes un peu austères, digne de sa destination. Sur le quai, Mathurin Crucy édifie la Bourse dont la colonnade classique est reprise peu de temps après par le même architecte pour le Grand Théâtre. Ceineray, Mathurin Crucy, leurs deux noms sont liés à celui du mécène qui permet la réalisation de ce nouveau quartier, centre actuel de l'activité nantaise : Graslin.

Sur l'emplacement même de la rue Crébillon et de ses alentours, il n'y avait en 1780 que des terres vagues occupées par des baraques de bois, lépreuses, horribles. Leurs propriétaires, Graslin et Mme de Cazalès, offrirent ces terrains à la ville de Nantes en stipulant que celle-ci y ferait élever des maisons neuves, bâties symétriquement sur les plans de l'architecte-voyer Mathurin Crucy. Le projet de Graslin fut adopté; les travaux commencés en 1785 s'achevèrent cinq ans plus tard. De hautes maisons couvrirent les nouvelles rues qui se coupaient à angle droit. « Ce quartier de la Comédie est magnifique, écrit Arthur Young qui le visita peu après sa construction... et la ville de Nantes, ajoute-t-il, a ce signe de prospérité qui ne trompe jamais : de nouveaux bâtiments. » Le théâtre fut inauguré en septembre 1788.

La Révolution causa à Nantes d'irréparables dommages. La révolte de Saint-Domingue ruina la plupart des familles. Nantes se montra ville patriote en repoussant victorieusement l'attaque des Vendéens. Mais ses administrateurs étaient tous des fédéralistes; Carrier, le farouche représentant en mission, fit bientôt expier aux bourgeois de Nantes leur attachement aux opinions modérées. Tandis que les noyades et la guillotine montée en permanence sur la place du Bouffay purgeaient la ville de tous ceux qui avaient contribué à sa fortune, le proconsul et ses amis menaient joyeuse vie dans les beaux hôtels dont ils avaient supprimé les propriétaires.

Pendant tout le XIXe siècle, des hommes courageux, énergiques, ont mené une lutte vigoureuse pour que leur cité retrouvât la prospérité d'antan. L'ensablement de la basse Loire parut porter un coup funeste à leurs efforts. Ils ont persévéré : le cours du fleuve a été aménagé; l'approfondissement de son lit, la percée du canal de la Loire maritime permettent à des navires de fort tonnage de remonter jusqu'à Nantes.

D'importantes industries furent créées ou prirent de l'extension. Dès le XVIIIe siècle une fonderie de canons s'était établie à Indret. Elle était l'œuvre d'un manufacturier anglais du nom de Wilkinson. L'industrie métallurgique possède aujourd'hui à Nantes des établissements renommés : Aciéries Nantaises, Forges et Aciéries de Basse-Indre, usines de Batignolles (matériel ferroviaire).

Les Ateliers et Chantiers de la Loire, constructeurs de navires, sont remarquablement outillés. Certaines industries paraissent plus spécifiquement nantaises; la biscuiterie a porté le renom de la métropole de l'Ouest dans les contrées les plus lointaines et les fabriques de conserves alimentaires sont célèbres. A côté de ces industries qui ont déjà un long passé, d'autres sont de création plus récente et contribuent également à la richesse de la cité. Un groupe industriel traite les produits importés d'outre-mer : raffineries, savonnerie. Le commerce des poils angora, celui des cuirs et des peaux, des bois de construction font l'objet de transactions considérables. Il faut ajouter, depuis quelques années, l'importation des bananes. Nantes rivalise maintenant avec Dieppe. Nantes importe aussi du charbon, du pétrole brut que traite la raffinerie de Donges, sans oublier le sucre des Antilles et de La Réunion. Nous ne prétendons pas être complet !

Pour faciliter ces échanges, le port de Nantes ne cesse d'être amélioré, agrandi. Il occupe le quatrième rang parmi les ports de commerce français et a été doté de l'autonomie administrative et financière. Il comporte près de sept kilomètres de quais. Le tonnage des entrées et des sorties a dépassé récemment sept millions. Une des importations les plus caractéristiques est celle des bananes dont le magasin, long de cent soixante-douze mètres, est un des plus modernes de France.

Cette activité économique qui a fait de Nantes le chef-lieu de la Ve Région et une de ces métropoles d'équilibre, dont on prévoit qu'elle dépassera bientôt le chiffre de 300 000 habitants, s'accompagne d'un remarquable développement culturel. Les Nantais sont fiers — et à juste titre — de leurs monuments anciens, de leurs musées.

Le musée des Beaux-Arts, voisin du jardin des Plantes, a été entièrement réorganisé depuis quinze ans. Aux collections primitives de François Cacault sont venu s'ajouter des œuvres d'une rare valeur : des primitifs, avec un diptyque du Pérugin, aux tableaux de Manessier ou de Roland Oudot, on peut suivre toute l'évolution de l'art. Le Nain, Georges de La Tour, Ingres, avec son admirable portrait de Mme de Senonnes, sont particulièrement représentés. Quant au musée Dobrée, voisin du manoir de Jean V (qui abrite une partie de ses richesses), il est surtout consacré à l'archéologie et ne cesse de s'enrichir de nouveaux dons ou d'acquisitions.

Nantes possède maintenant un rectorat d'Académie, et attire chaque année des milliers d'étudiants. Ceux-ci trouvent dans les établissements scientifiques un enseignement de choix.

Peu avant la Seconde Guerre mondiale, d'importants travaux avaient été entrepris. Les voies ferrées furent détournées, les bras de la Loire comblés, l'île Feydeau soudée ainsi au centre de la ville. L'Erdre disparut dans un tunnel. Ces aménagements créèrent d'immenses espaces et de larges avenues que les architectes s'apprêtaient à bâtir.

La guerre arrêta la réalisation de ces projets. Ils furent poursuivis après l'achèvement des hostilités. Mais auparavant, de terribles bombardements avaient ruiné tout le centre de Nantes. De nombreux édifices, comme la Bourse, la cathédrale, de beaux hôtels du XVIIIe siècle, œuvre de Ceineray ou de Crucy, furent atteints. Le cœur de la ville n'était plus que décombres.

Toutes ces destructions sont effacées. Les rues ont retrouvé leur animation traditionnelle. Le comblement des bras de la Loire a été terminé et les terrains récupérés sur le fleuve urbanisés : avenues bordées d'arbres, terre-pleins fleuris, jardins, boulevards périphériques ont été ouverts. De nouveaux ponts sur la Loire sont prévus, permettant des percées nouvelles. Mais les vieux hôtels subsistent à côté de grands ensembles. A Nantes, on pratique avec bonheur la politique des espaces verts.

Devenue métropole d'équilibre, forte d'une population qui ne cesse de s'accroître, Nantes peut regarder l'avenir avec confiance.

■

Peu de cités en France se sont davantage transformées depuis le début du siècle que la ville de Rennes. La capitale de la Bretagne, longtemps somnolente au cœur de la généreuse campagne qui l'environne, s'est agrandie, enrichie de larges perspectives, animée de grandes industries, révélée importante place commerçante. C'est aujourd'hui une ville qui atteint deux cent mille habitants (quatre-vingt mille en 1920...) et qui, formant une communauté urbaine s'étendant tout au long de la vallée de la Vilaine, dépassera 250 000 habitants avant 1980.

Toutes les voies ferrées, toutes les grandes routes qui desservent la Bretagne s'y croisent ou la contournent grâce à la construction de rocades et de boulevards périphériques.

En créant sur la Vilaine des jardins que les voitures masquent trop, en gardant au Thabor et au jardin des Plantes leur renommée, en perçant un parc nouveau à Maurepas, Rennes s'est parée d'espaces fleuris.

On sait que le 22 décembre 1720, un menuisier mit le feu dans son atelier. Il habitait une rue où pullulaient les logis en bois : tout flamba et l'incendie, qui ravagea bientôt le quartier, dura six jours. « 100 morts, 850 maisons brûlées, 3 000 familles à la rue, une perte de 8 855 000 livres (estimation approximative), tel fut le bilan du sinistre » (DUPOUY).

Deux architectes célèbres, Robelin, puis Jacques Gabriel, furent chargés de reconstruire la ville. Tâche imposante ! Ils s'acquittèrent habilement de leur mission. Rennes fut dotée de grandes artères, de places majestueuses.

Des premiers siècles de son histoire, Rennes n'a donc conservé qu'un très petit lot de monuments. On ne peut en être surpris. Jusqu'à la réunion à la France, sa dignité de capitale avait été contestée par des cités rivales. Les ducs préféraient Nantes : c'est cependant à Rennes qu'ils faisaient leur entrée solennelle par la porte Mordelaise. Celle-ci existe encore. Elle cache entre de vieilles maisons, près de la cathédrale, son arcade brisée et ses tours au robuste chemin de ronde. Les ducs traversaient la porte après avoir passé la nuit en l'abbaye de Saint-Melaine, alors située hors les murs. Puis ils prêtaient serment et se faisaient couronner à la cathédrale.

Cette cathédrale de Rennes a subi bien des vicissitudes. Le monument actuel a d'amples proportions. L'intérieur, qui fut achevé entre 1820 et 1844, est un peu lourd, trop doré. Mais il permet aux cérémonies de se déployer magnifiquement. De l'édifice primitif, rien ne subsiste. Il tombait déjà en ruines au XVIe siècle. Les fondations de la nouvelle cathédrale furent posées en 1541. Seul le rez-de-chaussée des tours date peut-être du milieu du XVIe siècle. On admirera un superbe retable en albâtre, dans le style flamand : ce beau morceau sort d'un atelier anversois.

Saint-Melaine possède des parties plus anciennes : cette abbaye bénédictine fut fondée au VIe siècle par un évêque de Rennes. L'église (aujourd'hui sous le vocable de Notre-Dame) garde quelques colonnes engagées et un portail intérieur qui date de 1032 environ. L'édifice appartient surtout au style gothique. Les bâtiments monastiques furent reconstruits après un incendie au XVIIe siècle. La faculté de droit en occupe une partie (manoir abbatial). Les jardins de l'abbaye sont admirables; on les a transformés en promenade publique : c'est le Thabor.

Le quartier le plus ancien entoure la cathédrale : seul ou presque, il échappa à l'incendie de 1720. Quelques rues pittoresques contrastent par leurs détours avec la rectitude des autres voies de la ville. Elles sont naturellement bordées de vieilles maisons à pans de bois, à cariatides. Du Guesclin passe — mais cette tradition n'a rien de fondé puisque le logis remonte au XVIe siècle ! — pour avoir habité l'une d'elles. Le connétable vint plusieurs fois à Rennes comme chef de guerre lors des luttes entre Charles de Blois et Jean de Montfort; Rennes fut alors prise et reprise par les deux adversaires. En octobre 1356, le duc de Lancastre qui combattait pour Montfort assiégea la ville. Du Guesclin résolut de la délivrer et parvint à se jeter dedans avec une petite troupe. Il tint pendant neuf mois. Lancastre le premier abandonna la partie.

C'est encore dans le quartier de la cathédrale que se trouve la chapelle de l'hôpital Saint-Yves. Humble sanctuaire à la vérité, mais dont les sculptures sont délicatement ciselées. Cette chapelle date du XVe siècle.

Le 9 janvier 1489 la dernière duchesse de la Bretagne indépendante effectua son entrée dans la ville de Rennes. Anne n'avait que treize ans et une nuée de prétendants s'efforçait de la circonvenir. Le plus redoutable d'entre eux, Charles VIII, prétextant les clauses du traité du Verger (qui obligeaient en effet l'héritière à ne se marier qu'avec le consentement du roi de France), accourut à Rennes en août 1491 et bloqua la ville. « La disette se fit bientôt sentir; pressée par tous, Anne se résigna. Elle vit Charles VIII. Ils ne se déplurent pas. Les fiançailles eurent lieu hors les murs, à la chapelle dominicaine de Bonne-Nouvelle. Le mariage fut béni le 6 décembre suivant au château de Langeais. De grandes fêtes célébrèrent l'événement à Rennes » (DUPOUY).

Rennes profita particulièrement de l'annexion du duché. Le gouverneur, délégué du roi, en fit le siège de son gouvernement. Plus tard, l'intendant y résida. Les états, assemblée des Trois-Ordres, continuèrent il est vrai à se tenir dans telle ou telle ville de Bretagne, sans résidence fixe. Mais la Commission intermédiaire qui siégeait dans l'intervalle des sessions se réunit à Rennes et, au XVIIIe siècle, c'est dans la capitale que les états s'ouvrirent le plus souvent.

Enfin et surtout, Rennes reçut le parlement de Bretagne. La plus haute cour de justice fut réorganisée en 1553. Elle devait tenir ses assises alternativement à Rennes et à Nantes. Dès 1561 elle fut définitivement installée dans la première ville. Dès lors, toute l'histoire de Rennes fut commandée par celle du parlement qui, comme dans tout le reste de la France, entendit bientôt jouer un rôle politique.

Parce que, sous la Ligue, les membres du parlement restèrent fidèles au roi, la ville ferma ses portes au duc de Mercœur qui dut l'assiéger et, après l'avoir occupée, l'abandonna presque aussitôt.

Le parlement symbolisa ensuite l'esprit frondeur des Bretons obstinés; il résista avec acharnement aux édits qui, peu à peu, supprimèrent les vieilles libertés du duché. Pour passer en revue ces luttes, il faudrait retracer toute l'histoire de la Bretagne du XVIIe siècle à la Révolution.

Il était juste qu'un corps aussi puissant possédât une demeure digne de son éclat; en 1618 fut commencé, sur les plans de Salomon de Brosse, le majestueux palais dont la sobre ordonnance provoque l'admiration. Monument classique, couvert de hauts toits, percé de hautes fenêtres, il a subi depuis sa construction de notables modifications. Un spacieux perron à double révolution était jadis placé sur sa façade et donnait accès à un balcon. En 1726, Gabriel édifia un escalier monumental construit sous un portique, avec des colonnes ioniennes.

Le cabinet du Premier président est orné d'une décoration due à Errard. Il possède un très beau Christ de Jouvenet, auteur des peintures d'autres salles du palais. Tout ce luxueux ameublement, ces panneaux où des génies se jouent au milieu de guirlandes et de fleurs, où des figures allégoriques symbolisent la Vérité, la Raison ou la Prudence, est bien digne des magistrats bretons qui siégeaient dans ce noble édifice.

Le palais avait été achevé en 1655. Vingt ans plus tard, il devenait le centre des troubles graves connus dans l'Histoire sous le nom de *Révolte du papier timbré*. Les Bretons, prétextant les privilèges fiscaux que l'acte d'union leur avait concédés, refusaient de passer les actes publics sur un papier taxé par le roi. Les Rennais mirent à sac les bureaux de perception. Le parlement les soutint; la révolte s'étendit à toute la province. La maladresse du duc de Chaulnes, qu'irrévérencieusement on comparait à un animal peu gracieux, envenima l'affaire. La répression qui suivit fut terrible. Toute une rue de Rennes fut détruite, les paysans branchés le long des chemins; et ces exécutions amenèrent sous la plume de Mme de Sévigné, amie du duc, une phrase d'autant plus malencontreuse qu'elle ne fut pas comprise. Le parlement fut exilé pendant quelques années à Vannes. Mais cette première incartade ne le corrigea pas. Lors de la conspiration de Pontcallec, il recommença, sans plus de succès.

Les démêlés du procureur général La Chalotais avec le duc d'Aiguillon, gouverneur de la province, provoquèrent au XVIIIe siècle une crise non moins fameuse. Le procureur avait publié un compte rendu sévère contre les Jésuites qui, depuis 1628, possédaient à Rennes le plus florissant établissement d'instruction de Bretagne. Le lycée occupe aujourd'hui l'emplacement de l'ancienne maison et les vastes dimensions de l'église Toussaints, sa chapelle, permettent de juger de l'affluence des élèves. Le duc d'Aiguillon était partisan des Jésuites et le libelle du procureur ne lui fut pas agréable. Un conflit éclata. Toute la noblesse du pays se prononça pour La Chalotais. De nouvelles mesures financières exaspérèrent en outre le parlement qui interdit le paiement des impôts. La cour de justice fut alors dissoute et remplacée par un bailliage, La Chalotais emprisonné. La lutte se poursuivit à Rennes où toutes les familles se brouillaient, se querellaient, s'entre-déchiraient suivant qu'elles étaient d'un parti ou de l'autre. Il fallut l'avènement de Louis XVI et le rétablissement du parlement pour calmer les esprits. Mais on a justement affirmé que ce long différend avait singulièrement affaibli l'autorité royale et préparé la Révolution.

Les hôtels des robins, des conseillers, les luxueuses demeures qui abritaient l'intendant, le gouverneur et leurs auxiliaires foisonnent à Rennes. La noblesse bretonne avait accoutumé de posséder dans la capitale un logis où elle séjournait pendant la tenue des états. La plupart de ces hôtels datent du XVIIe ou du XVIIIe siècle. Les mieux conservés sont l'hôtel de Blossac, résidence du commandant en chef de la province : le duc de Chaulnes y reçut Mme de Sévigné; l'hôtel de Cuillé, sur l'ancienne Motte, où se réfugia le parlement en 1788, quand Brienne tenta de supprimer ces foyers permanents d'opposition. Dans le même quartier, l'hôtel de Montboucher fut habité par La Chalotais; sur les Lices, l'hôtel Molant ou l'hôtel de La Noue; l'hôtel dit aujourd'hui d'Artillerie, où s'assemblait la Commission intermédiaire des états, les belles demeures de la rue Saint-Georges ou du Champ-Jacquet. A côté de ces hôtels, il en est bien d'autres qui étonnent par la magnificence de l'intérieur : larges escaliers de pierre ou de bois, plafonds à caissons, boiseries sculptées, lucarnes décorées, toitures aux retombées courbées; l'ordre classique règne dans la vieille cité parlementaire.

Tout le cœur de la ville offre d'ailleurs un aspect homogène : les hautes façades régulières sont percées de baies en plein cintre au rez-de-chaussée, flanquées d'arcades qui montent au dessus d'un entresol et s'amortissent en arc surbaissé. Tandis que les bases de ces édifices sont en granit, la partie supérieure est habituellement construite en tuffeau d'Anjou donnant à ces maisons deux teintes : le gris sombre du granit et le gris clair ou la blancheur (souvent altérée par l'humidité) du tuffeau.

On doit se féliciter que plusieurs de ces maisons aient été habilement restaurées depuis quelques années.

53. Le château de TRÉCESSON

54

DINAN

54. La Rance et le vieux pont
55. La porte de Jerzual
56. La rue de l'Horloge
57. La tour de Coëtquen vue du château

55

56

57

DOL

58. Le grand porche de la cathédrale
59. Le mont Dol

61

62

SAINT-SERVAN

60. La tour Solidor
61. Vue générale
62. Après le marché

63

La plupart des églises de Rennes ont été reconstruites à la fin du XVIIe siècle ou au début du XVIIIe. La plus ancienne, Notre-Dame, ancienne abbatiale de l'abbaye de Saint-Melaine, garde un porche et un transept romans. Le reste de la tour fut complété au XVe siècle, richement orné au XVIIe et surmonté en 1856 d'une Vierge monumentale. De l'ancien cloître de l'abbaye, une seule galerie a été conservée. Elle ne manque pas d'intérêt. Le logis abbatial est un bel hôtel construit en 1672, agrandi par deux fois au XVIIIe siècle.

Le plan de l'église Saint-Germain est assez irrégulier. Elle appartient dans son ensemble au gothique flamboyant, avec des reprises jusqu'au XVIIe siècle. L'édifice avait souffert des bombardements. Il a été heureusement restauré. On a groupé, dans la grande verrière du bras sud du transept, tous les vitraux anciens qui subsistaient. Ils datent du XVIe siècle et représentent des scènes de la vie de la Vierge. Max Ingrand a clos les autres baies de vitraux modernes.

Le style jésuite domine à l'église Toussaints, à la basilique Saint-Sauveur, achevée en 1728. Tous ces monuments s'harmonisent avec l'ensemble de la ville. Et l'on y découvre baldaquins, grilles ou chaires en fer forgé — ainsi à Saint-Sauveur —, très caractéristiques du XVIIIe siècle. Et comment ne pas admirer la belle façade de l'abbaye de Saint-Georges (1650) qui déroule sa colonnade au sommet d'un élégant jardin ? Un grand fronton cintré, aux armes de Bretagne, recouvre les trois lucarnes centrales, tandis qu'entre chaque retombée des arcatures de la colonnade s'inscrit une lettre formant le nom de l'abbesse qui fit reconstruire cet édifice : Magdeleine de La Fayette.

La grandeur domine dans la façade de l'hôtel de ville. Jacques Gabriel qui l'a construit de 1734 à 1762 a été inspiré par l'architecture baroque. Mais celle-ci n'apparaît guère que dans le haut beffroi sommé d'un bulbe. Les gros pavillons qui le flanquent sont d'un aspect sobre et harmonieux. En face, s'arrondit le théâtre dont le plafond, consacré à la Danse en Bretagne, est l'œuvre du peintre J.-J. Lemordant.

Grâce à un maire courageux, Rennes évita pendant la Révolution les méfaits de la Terreur. Leperdit — c'était le nom de ce magistrat — osa résister au farouche Carrier. Il y eut quelques épisodes sanglants, l'exécution des demoiselles de Renac, par exemple. Pendant les guerres de Vendée, Hoche fit de Rennes son quartier général. Il faillit même tomber rue Saint-Melaine sous les coups d'un assassin. Un tableau du musée rappelle cet incident.

Le musée de Rennes, un des plus riches de France, a été entièrement rénové après la Seconde Guerre mondiale. Il doit son origine aux collections du marquis de Robien président à mortier au parlement, qui avait du goût et l'amour des arts. Il n'a cessé de s'enrichir depuis 1800, date de sa fondation. Parmi les œuvres maîtresses qu'il présente, l'admirable *Nouveau-Né* de Georges de La Tour, la *Vierge au verre de vin* de Le Nain, deux Christs en croix de Jordaens, le portrait de Rosnyvinen de Piré, de Van Loo. Parmi

63. DINARD : la plage de l'Écluse

les modernes, voici Jongkind, Gauguin, Vuillard, Utrillo, Picasso et bien d'autres. Le musée archéologique offre un beau choix d'antiquités égyptiennes, gallo-romaines, médiévales. Costumes bretons, meubles populaires, céramiques de Rennes permettent d'apprécier l'originalité et la variété des productions artistiques de la Bretagne.

L'Empire avait rendu à la ville ses prérogatives de capitale qu'elle n'a pas perdues depuis. Siège d'une cour d'appel à laquelle ressortit toute la Bretagne, d'une université florissante (avec de nombreuses écoles : commerce, Beaux-Arts, musique, etc.), d'un archevêché et d'un corps d'armée, Rennes est resté le centre administratif, judiciaire, militaire et religieux de toute la Bretagne.

Un centre qui ne cesse de se développer. Rennes est maintenant le chef-lieu de la région. L'université compte de nombreuses unités d'enseignements et de recherches et la faculté des sciences, établie à Beaulieu sur 180 hectares, est une des plus modernes de France. De grandes écoles (chimie, sciences appliquées, l'École nationale supérieure agronomique, centre anticancéreux) complètent les facultés. Et voici que l'École supérieure d'électricité et l'École nationale supérieure des télécommunications s'établissent à Rennes.

Sous la Troisième République, d'importants travaux d'urbanisme avaient déjà été entrepris. La Vilaine avait été couverte d'élégants jardins qui s'étendent devant le palais du Commerce. On a récemment continué cette couverture. Mais les transformations les plus considérables se situent à la périphérie. De véritables cités satellites sont nées autour de Rennes, rendues nécessaires par l'accroissement régulier du nombre des habitants : plus de trente mille logements construits depuis trente ans. C'est que la capitale, après avoir effacé les plaies cruelles de la Seconde Guerre mondiale, est devenue peu à peu une ville industrielle. Certes, elle a toujours possédé des fonderies, des papeteries, des imprimeries renommées. L'installation à Rennes d'une grande usine d'automobiles employant près de douze mille personnes, et de nombreuses industries annexes, le Centre électronique de l'Armement, le Bâtiment et les travaux publics (20 000 salariés environ) puis de nouvelles entreprises électroniques ne cessent d'accroître le développement industriel de la ville.

Celui-ci doit se poursuivre au cours des prochaines années. L'électrification de la ligne de Paris a mis Rennes à trois heures de la capitale. Au centre d'un grand bassin agricole où le coût de la vie restait peu élevé, où la jeunesse trouvait difficilement des emplois, Rennes offrait les meilleures conditions aux industries désireuses de se décentraliser. C'est pourquoi le Ve Plan a prévu un développement particulièrement poussé de cette métropole.

Foires et marchés attirent et drainent le commerce de tout l'Ouest, de même que l'université reste le pôle d'attraction de tous les étudiants de Bretagne.

Rennes conserve ainsi son rôle historique d'antan. Au cœur de ce bassin qui sert si excellemment de transition entre la Bretagne bretonnante et les provinces voisines, à la rencontre de groupes ethniques différents, elle mérite plus que jamais son titre traditionnel de capitale.

COTE DE JADE ET COTE D'AMOUR

Les abords d'une métropole manquent ordinairement de charme. Ceux de Nantes ont été aménagés avec bonheur et les grands ensembles construits le long des faubourgs sont parsemés de corbeilles fleuries et entourés d'arbres. Passé les ponts, il faut maintenant parcourir quelque distance avant de rencontrer les premiers massifs de verdure, parure des plaisantes demeures édifiées aux portes de la ville : la route s'éloigne légèrement de la Loire qui coule entre d'immenses prairies. Les rives ont disparu et le fleuve n'est marqué que par les puissantes grues qui le jalonnent sans interruption pendant des kilomètres.

Il faut quitter le fleuve. Au loin, la haute tour de Buzay, reste d'une ancienne abbaye de l'ordre de Cîteaux barre l'horizon ; des marécages annoncent la proximité du lac de Grandlieu que l'on pourrait atteindre près de Bouaye. Nous le retrouverons tout à l'heure.

Paimbœuf est le type même de la petite cité provinciale et paisible. Au temps de Jules Janin, c'était encore une ville animée et non sans importance. De vieilles estampes rappellent l'activité du port, son vaste bassin, sa jetée qu'un phare signalait. Las ! La rade périlleuse de Saint-Nazaire s'est transformée en havre sûr. Les navires ont pu continuer jusqu'à Nantes et Paimbœuf perdit alors la source de sa fortune. Le quai aux maisons patinées qu'ornent encore des balcons en fer forgé du XVIIIe siècle, ce quai qu'admirait Stendhal en 1837, est trop long, et trop grande la *Grande-Rue* qui lui est parallèle. Un charme vieillot se dégage d'ailleurs de cet abandon. Seule la Loire, immense, magnifique, roule toujours ses flots tumultueux et vient battre le quai de ses vagues.

Cependant quelques industries nouvelles se sont établies à Paimbœuf et le port a retrouvé, grâce au pétrole, une certaine activité.

On atteint la côte à Mindin, en face de Saint-Nazaire. Là commencent à s'échelonner une succession de plages qui ont bien évolué depuis vingt ans. Les forêts de pins poussent leurs ramures chaudes et odorantes jusqu'au bord de la dune et cachent des villas modernes et élégantes qui contrastent avec les chalets de style 1900 ou... 1925. On a multiplié les terrains de camping. Saint-Brévin-l'Océan, Saint-Brévin-les-Pins, Tharon, Préfailles ont aménagé la côte avec goût. Mais la sauvage pointe Saint-Gildas avance toujours dans l'Océan ses roches déchiquetées, comme si la mer bretonne, au moment de quitter l'Armorique, voulait rappeler en un dernier sursaut qu'elle reste celle qui fouaille depuis des siècles la pointe du Raz, les rochers de Ploumanac'h et les murailles de la cité malouine.

Pornic est la plus célèbre de ces stations balnéaires, la plus ancienne aussi. En effet, alors qu'on ne parlait ni de La Baule, ni du Pouliguen, cette plage jouissait déjà d'une réputation bien établie auprès des Nantais. Il y a, à Pornic, un coin charmant : c'est l'entrée du port sur le quai du Môle; l'anse est assez resserrée et les rives escarpées sont parsemées de rochers. La petite ville s'étage en amphithéâtre au dessus de la baie; de jolis parcs font des taches de verdure sombre et, surtout, dominant l'entrée de la passe, le vieux château féodal avec ses tours à mâchicoulis modernes offre au regard son imposante masse. Comme tous ceux de la région, il appartint à Gilles de Retz. L'illustre maréchal de France, qui aimait trop l'or et les petits garçons, n'y séjourna probablement jamais. Tout au long des quais, les barques aux voiles bariolées se balancent et composent un gai tableau. Près de la plage de la Noëveillard un port de plaisance a été aménagé en 1971.

La Côte de Jade a du charme. Attirés par les plages, les touristes négligent parfois l'arrière-pays. Il faut reconnaître que ces vastes étendues de terre, ces grasses campagnes sans relief accusé, annoncent déjà le marais poitevin et, de fait, les marécages ne sont pas loin : Saint-Père-en-Retz, Beauvoir, Légé, c'est le pays de Retz où il plaira aux historiens d'évoquer le souvenir du turbulent cardinal et, surtout, celui de M. de Charette. Le « Roi de la Vendée » naquit à deux lieues de Machecoul, capitale de ce duché, au manoir de Fonteclose. C'est là que les paysans révoltés vinrent le chercher pour lui demander de se mettre à leur tête. A Machecoul, on peut encore contempler quelques maisons anciennes et, naturellement, les ruines d'un château de Gilles de Retz. Le pays est verdoyant, couvert de vignes; il forme transition entre la Bretagne et le Poitou.

Saint-Philbert-de-Grandlieu, à quelques kilomètres de Machecoul, possède une église carolingienne admirablement conservée. Saint-Philbert, c'est l'antique Déas qui abandonna son nom au début du IXe siècle, quand les moines de Noirmoutier affolés par l'imminente arrivée des pirates normands transportèrent en cet ermitage perdu les reliques de leur saint patron. En l'honneur du saint qu'ils venaient d'amener à Déas, les moines de Noirmoutier entreprirent la reconstruction de l'église. Le transept (antérieur à ces événements) date de 819. Le chœur est de 836, ainsi que la crypte où gît le tombeau de saint Philbert, un très beau sarcophage en marbre vert foncé.

En 847 les Normands envahirent la région de Grandlieu et détruisirent une partie de l'église. Après leur passage, on rebâtit la nef. Certes, l'architecture est gauche, malhabile. Mais comment ne pas ressentir un certain respect devant cet édifice, témoin d'une si lointaine époque ? Ces chapiteaux, simplement taillés dans la pierre, à peine équarris, ces arcades grossièrement dessinées sont l'œuvre de contemporains des Carolingiens.

De Saint-Philbert, on peut rejoindre le lac de Grandlieu, immense nappe d'eau généralement ignorée des touristes et à grand tort. Il couvre environ sept mille hectares. C'est presque la superficie du lac d'Annecy. Mais le pays n'a pas précisément l'attrait de la Savoie ! Il est triste et nostalgique. Des prairies humides, marécageuses, des arbres vétustes entourent Grandlieu. Ce lac se dérobe d'ailleurs au regard et ses bords sont d'accès difficile. De hautes herbes en cachent la majesté.

A Passay, petit port de pêche sur la rive est, on peut cependant avoir une vue d'ensemble du lac. Sur les rives, des viviers conservent le poisson fraîchement pêché. Et l'on découvre toute l'ampleur de cette étendue d'eau dont les bords opposés semblent se perdre dans la brume et qu'aucun remous ne vient agiter. Il ne faut pas s'y fier : le lac de Grandlieu est saisi de colères terribles. Par les étiers qui le mettent en communication avec la mer, la marée hausse son niveau de plus d'un mètre; quand le vent souffle de l'ouest, il provoque de redoutables tempêtes. On comprend que sur ces rives dénudées, devant les arbres qui émergent des vases, l'imagination populaire ait fait naître une légende de ville engloutie, cité lacustre qui expliquerait la présence de ces troncs étranges.

On regagne Nantes par Châteauthébaud, bien planté sur une colline au dessus de la fraîche vallée de la Moine et par Vertou qui domine la Sèvre. Il ne faut pas manquer de faire un crochet pour admirer le château de Goulaine. C'est un magnifique édifice de style gothique flamboyant. Les baies de la tourelle d'angle qui unit les deux corps de logis sont ornées d'arcatures d'une élégante richesse.

Au delà de Nantes, vers Le Croisic et l'embouchure de la Vilaine, le pays présente des aspects variés. Si les terres riveraines de la Loire ressemblent par leur structure à la région située de l'autre côté du fleuve — toutes deux ont bien mérité leur nom de « Basse-Loire » —, à mesure qu'on s'éloigne de cette longue voie d'eau qui relie Nantes à Saint-Nazaire, on constate des changements. Le Sillon de Bretagne naît bientôt et le relief des collines s'accentue insensiblement.

Le Sillon abandonne assez vite la côte pour céder la place à une vaste étendue de marais, la Brière. Ensuite, le long du rivage que bordent des forêts de pins, reparaît la physionomie habituelle du pays breton. A Guérande, au Croisic, les colonies de paludiers parlaient d'ailleurs la langue celtique il y a moins d'un siècle. Les églises rappellent les édifices de Cornouaille ou du Trécorrois; le blanc tuffeau des bords de Loire, qui l'emporte encore à Nantes, est vaincu par le granit; celui-ci reprend peu à peu la prédominance. Ces caractères s'accusent quand on pénètre à l'intérieur du pays.

« Les environs de la Loire, au sortir de Nantes, sont agréables. On suit des yeux pendant longtemps encore la colline sur laquelle une partie de la ville a l'honneur d'être bâtie; elle s'étend en ligne droite, toujours couverte d'arbres, et s'éloignant du fleuve. » Cette description de Stendhal a cessé d'être vraie. Ce n'est qu'à quelque distance de Nantes que l'on rencontre ces plaisantes collines couronnées de moulins à vent, ces champs coupés de haies ou de murettes. Les environs immédiats de Nantes sont noircis par la fumée des usines métallurgiques : Chantenay, Basse-Indre sont des cités industrielles qui ne cessent de s'étendre.

Toujours plus loin voici Savenay, un peu déchue depuis l'éclatant développement de Saint-Nazaire.

Le nom de Savenay évoque naturellement le terrible désastre qui accabla les Vendéens en décembre 1793. On sait comment la masse des paysans révoltés, abandonnant son terroir, s'était portée au delà de la Loire dans l'espoir de conquérir sur les bords de la Manche un port qui permît d'établir une liaison régulière avec l'Angleterre. La Loire passée, les combattants n'avaient récolté qu'échecs et déboires. Après un tragique exode, cette foule immense de soldats, de vieillards, de femmes et d'enfants fut peu à peu refoulée vers la Loire. Le fleuve opposait à leur passage une infranchissable barrière. Vainement les Vendéens tentèrent de le traverser à Ancenis. Chassés de cette ville, ils remontèrent vers Nort et Blain. Mais les colonnes républicaines commandées par Kléber et Marceau les talonnaient. Ils se réfugièrent donc à Savenay où on les encercla comme rats en leur tanière; le 23 décembre 1793, la bataille fut livrée : véritable massacre de ces malheureux que l'on exécuta sans pitié. Bien peu purent s'enfuir et trouvèrent abri dans la forêt du Gâvre. « Au soir de ce combat, l'armée vendéenne n'existait plus. Elle avait perdu à Savenay dix à quinze mille hommes, les républicains seulement trente morts et deux cents blessés. Les cadavres, couchés par tas, couvraient une vaste étendue de terrain. Il fallut des semaines pour enterrer ces restes contagieux » (E. GABORY).

A Donges, non loin de Savenay, des réservoirs miroitent au soleil. Des raffineries de pétrole, parmi les plus importantes de l'Ouest, ont donné à ce port des bords de la Loire, voisin de Saint-Nazaire, une remarquable activité.

Un canal fangeux, le Brivet, pénètre, après Montoir-de-Bretagne, dans la Grande Brière. Depuis qu'Alphonse de Châteaubriant lui consacra une de ses meilleures œuvres, ce pays jouit auprès des visiteurs d'un grand prestige. Il n'est point de baigneur qui ne veuille se détourner de son chemin pour en faire le but d'une excursion et y passer quelques heures. Il est souvent désappointé. La Brière ne se livre pas à tout venant et la visiter au milieu de l'été est une erreur. « Ce n'est plus — et nous empruntons ce jugement à Châteaubriant lui-même — que de fausses étendues de pâtures, nues comme le désert, courtes d'herbes, et brûlées, sans un arbre, piquetées de quelques bouquets d'ajoncs. » C'est en hiver qu'apparaît le véritable visage de la Brière. Alors, grâce aux canaux qui la relient à la Loire, elle reprend son ancienne physionomie. Les trous des marécages se remplissent d'eau; les bas-fonds d'herbe et de fange sont complètement inondés; et d'îles en îles, ces cinq îles de la Brière, Fédrun, Pendille, Brais, Errand et Menac, on ne peut plus communiquer qu'au moyen de lourdes barques plates. « Au centre de la pâle étendue que sillonne le fleuve dormant des curées, elles sont là, toutes groupées, ces îles de poissonneux, de braconniers de terre noire et d'eau trouble groupées cinq comme de petites Antilles » (Alphonse de CHÂTEAUBRIANT).

La tourbe fit longtemps la richesse du pays. Son extraction en commun par les habitants de ces villages était le seul revenu de cette terre ingrate. Des privilèges concédés par le duc de Bretagne François II, renouvelés à plusieurs reprises, avaient abandonné aux seuls Briérons cette exploitation.

64, 65. LA RANCE
L'usine marémotrice

LE GRAND-BÉ

66. La tombe de Chateaubriand

ROTHÉNEUF

67. Les rochers sculptés

.INT-MALO

. La statue de
rcouf
. Le front
est des
nparts

ages suivantes
Les remparts
le bassin
uban

71

72

SAINT-MALO

71. Cour de la Houssaye. La maison du Cheval Blanc
72. La tour Qui-qu'en-grogne

SAINT-LUNAIRE

73. Le tombeau de saint Lunaire

3

74. CANCALE : les parcs à huîtres
75. QUINTIN : l'étang et le château

76, 77. COMBOURG

Pages suivantes
78. LA TOUCHE-TRÉBRY :
le château

80

81

SAINT-BRIEUC

79. Vieille maison, rue Fardel
80. Le viaduc de Toupin et le quartier de Cesson
81. La cathédrale Saint-Étienne

ARMACIE
OPTIQUE
LIP

Isolée du reste de la Bretagne, elle maintenait encore intacts ses droits et son autonomie. Aujourd'hui les jeunes Briérons travaillent dans les usines de Trignac et de Saint-Nazaire. La Brière reste pourtant le paradis des pêcheurs et des chasseurs de gibier d'eau qui retrouvent, dans le silence matinal, au lever du jour, le visage traditionnel de cette terre.

Et la Brière conservera ce caractère exceptionnel. Depuis le mois d'octobre 1970, la Grande Brière est devenue parc naturel régional et grâce aux canaux qui facilitent la circulation des chalands poussés à la perche, on peut en découvrir la mélancolique beauté.

Peu après les forges de Trignac, on entre dans les faubourgs de Saint-Nazaire.

La grande cité maritime, fière de ses bassins, de sa forme écluse, fière des paquebots qu'elle donne à la France, a été totalement détruite pendant la Seconde Guerre mondiale. L'occupant y avait établi en effet une base sous-marine dont les gigantesques cales en béton subsistent toujours. Les Anglais, par un coup de main audacieux, purent rendre inutilisable la forme écluse en mars 1942. Par la suite, les bombardements ne cessèrent d'atteindre la ville et le port qui n'étaient plus que ruines quand les Allemands l'abandonnèrent, en mai 1945, après s'être maintenus près de dix mois dans cette « poche de Saint-Nazaire ».

La cité a été entièrement reconstruite. Les artères principales ont été déplacées pour créer un axe central qui aboutit à l'hôtel de ville, œuvre harmonieuse de l'architecte Roux-Spitz. Les urbanistes ont eu le bon goût d'édifier des maisons bien équilibrées, couvertes de toits d'ardoise, et de rejeter dans la banlieue ou près du port les grands ensembles à dix ou onze étages. Ils ont conservé, dans un square, l'étrange monument mégalithique — deux pierres levées formant portique — qui rappelle que cette terre fut habitée dès les temps préhistoriques.

Car Saint-Nazaire — contrairement à une opinion communément reçue — a un long passé. C'était depuis des siècles un village assez peuplé qui abritait les fameux « pilotes de Loire » chargés de guider les navires dans l'estuaire jusqu'à Paimbœuf ou à Nantes. Saint-Nazaire n'était qu'une bourgade de peu d'avenir : « C'est un petit port assez fréquenté, quoiqu'il ne puisse contenir que des barques à cause des rochers qui en défendent l'accès aux bâtiments de commerce », écrit négligemment un vieux guide en 1860. La barque a grandi et est devenue le paquebot *France* ! On peut apprécier le prodigieux essor pris depuis cette date par le « petit port ». Quelques chiffres permettent de mesurer cette extension... En 1850, la ville comptait à peine 2 500 âmes. Il y a aujourd'hui plus de 70 000 habitants.

Saint-Nazaire reste un des principaux centres européens de construction navale. Les chantiers travaillent autant pour la marine de commerce que pour celle de guerre. D'importantes usines métallurgiques, des ateliers de construction mécanique s'ajoutent à ce vaste ensemble industriel qui complète celui de Nantes. D'autres industries s'établissent à Saint-Nazaire et la

82. GUINGAMP : la fontaine de la Pompe
et Notre-Dame de Bon Secours

construction d'un pont suspendu, long de près de 800 mètres, à l'embouchure de la Loire facilitera singulièrement à partir de 1975 les communications de la Bretagne avec le Sud-Ouest de la France.

Il y a cent ans, Sainte-Marguerite, Sainte-Marie, aux portes de Saint-Nazaire n'étaient que des villages de pêcheurs. La Baule n'existait pas. La côte, jusqu'au Pouliguen, était un désert de dunes qui envahissaient peu à peu le rivage.

Pour fixer les sables, on eut alors l'idée de faire des plantations de pins et ces admirables bois de pins permirent la transformation du désert en une cité balnéaire, la plus aimable et la plus florissante. A travers les bois, des avenues furent tracées. Des demeures avenantes les bordèrent. Un magnifique boulevard longea la baie. La Baule est devenue une des plus brillantes plages de l'Océan. La longueur de la plage (qui s'étend en arc de cercle sur huit kilomètres, de Pornichet au Pouliguen), la douceur du climat attirent chaque année des milliers de visiteurs. On peut regretter la disparition progressive des pins que les innombrables constructions condamnent peu à peu. On peut s'inquiéter de voir s'élever des immeubles de dix et même de seize étages au dessus de la baie. Ce sont là les conséquences d'un succès qui ne se dément pas. Du moins, les parcs fleuris de La Baule et de La Baule-les-Pins jettent-ils leurs couleurs chatoyantes au cœur de cette nature civilisée.

On se félicitera, aussi, de l'aménagement d'un port de plaisance à l'entrée du Pouliguen et de la construction, entre les deux villes, d'un pont qui facilitera la circulation.

Le Pouliguen, à l'extrémité de la baie, a également des bois de pins. Son port, animé, plaisant, est garni de boutiques bariolées. Le vieux bourg possède quelques logis anciens; car le port du Pouliguen (en breton, la « baie blanche ») fut de toute antiquité fréquenté par des pêcheurs et pratique depuis longtemps le commerce du sel.

A la sortie du Pouliguen, la structure des terres et de la côte se transforme. La campagne, faite de prairies coupées de quelques vignobles, est remplacée par les salines qui s'étendent sur des centaines d'hectares autour de Guérande et de Batz.

Autrefois Batz et Le Croisic étaient des îles que la mer séparait encore du continent. Puis les ensablements refoulèrent l'Océan. Le Bourg-de-Batz et Le Croisic furent peu à peu rattachés à la terre ferme.

La mer, en déposant le sel dans des bassins artificiellement constitués, contribue toujours à la prospérité du pays. Rien de plus curieux que ces milliers de monticules blancs séparés les uns des autres par d'étroites murettes.

Que les habitants de Batz, de Guérande ou du Croisic soient les descendants d'une colonie de Bas-Bretons, conduits en cette contrée à la suite de la donation du prieuré de Batz à l'abbaye de Landévennec, on peut l'admettre. On parla breton dans la presqu'île jusqu'au siècle dernier. Mais les femmes et les filles du pays ne portent plus les beaux costumes d'autrefois. Les traditions des sauniers de la presqu'île s'effacent.

L'église Saint-Guénolé de Batz se rattache par ses principaux éléments architectoniques aux édifices de style breton des XVe et XVIe siècles. Seuls le carré du transept et les collatéraux sont voûtés d'ogives; les clefs de voûtes sculptées ne manquent pas de saveur. Un beau retable, des stalles, quelques statuettes complètent un ensemble intéressant.

Toute voisine de Saint-Guénolé, voici la chapelle du Mûrier, du XVe siècle, avec son clocher-mur amorti par un pignon aigu. Elle fut construite par les sauniers et non comme le veut la légende par Jean de Rieux qui s'était échappé par miracle des prisons anglaises.

Le Croisic est une originale petite ville. Le long de son quai établi par le duc d'Aiguillon accostent les bateaux des sardiniers et les navires de plaisance. Les maisons de ce quai sont souvent remarquables par leurs portails sculptés, d'ordonnance classique. La vie fut aisée au Croisic sous les règnes d'Henri IV ou de Louis XIII, comme en témoigne le bel hôtel d'Aiguillon devenu l'hôtel de ville. L'église du Croisic s'apparente étroitement à celle de Batz. Elle est un peu antérieure (fin du XVe). Par sa large nef aux colonnes dénuées de chapiteaux, son chevet plat orné d'une magnifique verrière, elle rappelle les églises du style ogival breton.

Il n'est pas jusqu'à la côte elle-même qui, en se modifiant, ne permette d'évoquer la Basse-Bretagne. Le changement apparaît à la pointe de Pen-Château qui ferme la baie de La Baule et l'abrite si heureusement des vents d'ouest. Aux rivages près desquels la mer vient mollement expirer succèdent des récifs, des rochers entassés, des grottes. C'est la « Grande Côte », la « Côte Sauvage », dit-on un peu pompeusement. Ils suscitent, et à juste titre, l'admiration des innombrables touristes qui séjournent sur la Côte d'Amour.

L'arrière-pays, occupé par les salines ou par les cultures, est plat. Aussi le piton sur lequel est bâtie la ville de Guérande, à une lieue de la mer, apparaît-il de fort loin, dominant le pays de sa ceinture de murailles.

Nul n'a mieux évoqué cette cité guérandaise que Charles Le Goffic dont la sensibilité percevait si finement le caractère des gens et des pays de Bretagne. Il décrit ainsi les abords de la ville : « Il y a des mails ailleurs qu'à Guérande; mais ce mail-ci n'a point son égal au monde et c'est bien le chef-d'œuvre du genre que cette haute levée circulaire plantée d'ormes magnifiques qui s'appuie aux admirables remparts bâtis par Jean V avec les revenus des fouages de la presqu'île. Ce bon duc rêvait de donner à sa ville préférée un corset de bataille qui défiât la rouille du temps. Il y a réussi, pardieu! et l'armure a survécu au corps qui l'habitait. Après cinq siècles les remparts en pierre de grand appareil, faussés, cabossés, troués même, sont encore solides. »

Guérande avait participé aux guerres de Succession de Bretagne.

Auparavant, en 1342, les habitants tentèrent en vain de résister aux troupes d'un lieutenant de Charles de Blois et payèrent d'un effroyable massacre leur témérité. Vingt-trois ans plus tard, le 12 avril 1365, devant le maître-autel de Saint-Aubin, fut proclamée la reconnaissance par le roi de France du duc Jean IV qui luttait depuis vingt ans pour la conquête de ce trône.

Mais après la mort de Jean V, bienfaiteur de la ville, les remparts ne soutinrent plus aucun siège et leur existence donna à Richelieu si peu d'inquiétude que le cardinal ne jugea pas nécessaire d'en ordonner le démantèlement. Guérande garde donc son corset de murailles qui l'égale aux plus illustres cités fortifiées de France : Aigues-Mortes ou Carcassonne. Dix tours (sur les onze primitives) flanquent les remparts qui sont percés de quatre portes : la porte de Saillé, celle de Bizienne, la porte Vannetaise et enfin la porte Saint-Michel, la plus importante car elle est surmontée d'un véritable donjon et de tout un système de défense qui se prolonge sur les deux grosses tours voisines. Elle abrite un intéressant musée consacré aux arts et traditions de la presqu'île. L'intérieur de la cité s'anime à la belle saison. Pourtant, elle ne compte plus que sept mille habitants.

La collégiale Saint-Aubin possède plusieurs parties du XIIe siècle. Les chapiteaux romans des supplices de l'Enfer et des martyres de saint Laurent et de saint Simon sont de bons morceaux, nullement indignes des sculptures de la vallée de la Loire dont ils ont subi l'influence. La nef seule est romane; transept et chœur sont du XIIIe siècle. De nombreuses additions et restaurations ont d'ailleurs modifié l'église. Certaines furent heureuses : ne serait-ce que la construction, au XVIe siècle, de cette chaire à prêcher extérieure, dont les fines dentelures de pierre s'appuient sur deux têtes d'anges. Le sépulcre de Tristan de Carné constitue le type même de ces tombeaux à gisants du XVIe siècle dont la Bretagne présente plusieurs exemples. Ce Tristan de Carné qui se choisit un sépulcre aussi riche occupait auprès d'Anne de Bretagne une fonction de choix : il était maître d'hôtel de la duchesse. La chapelle Notre-Dame-la-Blanche, toute voisine de la collégiale, fut fondée par Jean de Montfort en 1348; c'est un élégant édifice.

Dans ces rues étroites, de beaux hôtels témoignent de la splendeur d'une époque disparue. On retrouve avec allégresse, après avoir flâné le long de ces couloirs d'ombre, les bouffées d'air marin que le vent brasse contre les remparts de la ville.

La Turballe, avec sa vaste grève, est un port de pêche actif. On y traite la sardine. Au delà de la pointe de Pen-Hareng, Piriac a conservé du XVIIe siècle plusieurs logis de belle apparence. La place de l'église est charmante. A l'intérieur de l'édifice, on a retrouvé une crypte du XIIIe siècle.

La côte, de Piriac à l'embouchure de la Vilaine, est infiniment déchiquetée. C'est une suite ininterrompue de pointes rocheuses, d'anses abritées, de falaises, de grottes. L'Océan bat le rivage friable et en modifie les contours.

De nombreux villages s'égrènent le long de la côte jusqu'à La Roche-Bernard. Ce sol, habité dès les temps préhistoriques, est couvert de dolmens, de menhirs. Camoël, Pénestin, Férel sont des bourgs mi-marins, mi-terriens. Les champs n'y manquent pas de fertilité, mais l'estuaire de la Vilaine qui débouche dans l'Océan entre la pointe du Haliguen et celle de Penlan attire les hommes qui préfèrent la pêche à la culture.

Au contraire, les habitants d'Assérac, de Saint-Molf, d'Herbignac appartiennent à la terre. Les marais salants, jadis fort étendus, sont en voie de disparition. La seigneurie d'Assérac, érigée en marquisat au XVIe siècle, fut tenue par des gentilshommes de renom. Elle appartint aux Rieux, famille qui donna un maréchal à la Bretagne; elle passa même au XVIe siècle entre les mains du surintendant Fouquet.

Le château de Ranrouët dont, aux portes d'Herbignac, on peut voir les ruines, fut possédé par Jean de Rieux, farouche ligueur. Ce paisible pays fut le théâtre de luttes entre réformés et catholiques au cours des guerres de Religion. En effet, au milieu du XVIe siècle, la baronnie de La Roche-Bernard, le plus puissant fief des alentours, appartint à un des chefs protestants les plus déterminés, d'Andelot. Il séjournait en son château de la Bretesche, à deux lieues de la ville, et faisait de celle-ci un des bastions du calvinisme breton. Le 10 juillet 1561, il y installa solennellement un ministre de la religion réformée. Les protestants tinrent à La Roche-Bernard un synode. Un peu plus tard, Mercœur s'empara de la ville et édifia une citadelle au dessus de la Vilaine pour commander l'entrée du fleuve.

De ces années mouvementées, La Roche-Bernard garde quelques maisons en pierre d'une architecture sobre, comme l'hôtel du cardinal de Châtillon-Coligny. C'est à La Roche-Bernard que fut construit de 1629 à 1634 sur l'ordre de Richelieu le premier navire à trois ponts : *La Couronne.*

Le beau pont suspendu qui enjambe la Vilaine avait été détruit en 1944. Il a été reconstruit un peu en aval de son emplacement primitif. Ce nouveau pont mérite autant d'admiration que l'ancien.

Depuis 1970, le barrage d'Arzal, près de La Roche-Bernard a transformé le paysage en créant un vaste lac, retenue d'eau permettant d'alimenter la presqu'île de Guérande et une partie du Morbihan, et de récupérer dix mille hectares de terres sur les marais. La marée, de ce fait, ne remonte plus jusqu'à Redon.

Entre La Roche-Bernard et Pontchâteau s'élève, non loin de Missillac, un des plus magnifiques châteaux de la Loire-Atlantique et même de la Bretagne : la Bretesche fut longtemps le domaine des barons de La Roche. Elle avait été édifiée par l'un d'eux en 1471. A cette époque, Jean V restaurait son manoir de Nantes, Jean de Rohan élevait orgueilleusement l'admirable Josselin. Au milieu des bois, sur les bords d'un étang qui le pare d'un cadre charmant, le château de la Bretesche est une remarquable demeure du début de la Renaissance. Incendié par les Bleus en 1793, il fut habilement restauré par son propriétaire au siècle dernier. Le château a été vendu par appartements et le domaine est devenu centre sportif.

Pour rejoindre Pontchâteau, petite capitale de cette contrée, on traverse

Saint-Gildas-des-Bois, où l'on admire une église mi-romane, mi-gothique, abbatiale d'un monastère bénédictin fondé en 1025 par Simon de La Roche-Bernard. Le porche est protégé par une grille en fer forgé d'un harmonieux dessin.

Pontchâteau est une petite ville agréablement située sur une colline que contourne le Brivet, à l'extrémité du Sillon de Bretagne. C'est un gros centre agricole que font vivre les jours de foire ou de pèlerinage, car on y vénère un calvaire célèbre. Ce n'est pas un de ces calvaires bretons qui enthousiasment les artistes, mais un Chemin de croix de grandeur naturelle qui a remplacé le monument édifié par Grignion de Montfort.

DE L'ESTUAIRE DE LA VILAINE AU PAYS MALOUIN

On ne suit guère la vallée de la Vilaine de La Roche-Bernard à Redon. Les rares villages qui s'espacent sur les deux rives, Nivillac, Tréhillac, Béganne ou Rieux sont loin du chemin de fer, loin des grandes voies de circulation. De la route de Pontchâteau à Redon, après une descente dans la belle vallée de l'Isac (canal de Nante à Brest) et de la Vilaine, on aperçoit ces clochers perdus dans la campagne. Rieux, sur la rive droite, donna son nom à la famille du fameux maréchal dont la conduite au cours des dernières années de l'indépendance bretonne déplut si fort à la duchesse Anne devenue reine que celle-ci ne lui pardonna pas et fit démanteler son château.

La ville de Redon est située au croisement de la Vilaine et du canal de Nantes à Brest qui, au delà de la ville, se dirige vers l'ouest en empruntant le lit de l'Oust. Plaque tournante des deux grandes voies ferrées de Paris à Quimper, par Nantes ou par Rennes, carrefour de routes importantes, Redon se trouve aux limites de trois départements : Ille-et-Vilaine, Morbihan, Loire-Atlantique. Aussi est-ce un marché agricole réputé. Depuis quelques années, plusieurs usines se sont établies, transformant la ville en centre industriel dont la population, loin de diminuer ou de stagner, est en extension.

L'activité économique connaît en outre un nouvel essor, grâce à l'aménagement du bassin de la Vilaine qui permet de transformer plusieurs milliers d'hectares de marais en prairies propices à l'élevage et cette retenue des eaux a eu pour effet de créer un magnifique plan d'eau qu'apprécient les amateurs de sports nautiques.

Pendant tout l'Ancien Régime, la ville ne fut pourtant qu'une cité de moines. Ne s'était-elle pas formée autour de l'abbaye de Saint-Sauveur, fondée par Conwoïon en 832 ? Le monastère était riche et puissant. Les abbés entretenaient avec les ducs de Bretagne les rapports les plus cordiaux qui se traduisaient chez ces derniers par de fréquentes libéralités.

Aussi, dès le XIIe siècle, l'abbatiale était commencée. La tour trapue, faite de trois étages aux arcatures en plein cintre, appartient en effet au style roman. L'architecte s'est inspiré, pour l'élever, des tours de la vallée de la Loire. Et en alternant les granits clairs et foncés, il a témoigné d'un souci décoratif assez remarquable. L'église elle-même remonte au gothique le plus primitif : les chapiteaux rappellent ceux de l'école anglo-normande. Le clocher constitue une des originalités de cette église : très postérieur à la tour du transept, il s'élève, isolé, à cinquante mètres de l'édifice. Sa haute aiguille de pierre peut rivaliser avec les plus belles flèches de Basse-Bretagne.

Les bâtiments de l'abbaye sont actuellement transformés en collège ecclésiastique : c'est l'architecture du Grand Siècle, noble et majestueuse. Ils furent rebâtis sur l'ordre de Richelieu qui fut abbé commendataire de Redon de 1626 à 1642 et y introduisit la réforme des Bénédictins de Saint-Maur. C'est le cardinal qui a donné à l'église le maître-autel monumental. Redon possède quelques belles constructions, couvents ou hôtels du XVIIIe siècle. Les maisons à pans de bois y sont plus rares.

L'existence de la ville gravita autour de l'abbaye : elle ne connut un peu d'animation qu'au cours de la guerre de Cent Ans. L'abbé Jean de Tréal défendit courageusement Redon contre les Anglais. Il avait fait dresser d'importantes fortifications qui n'empêchèrent pas l'envahisseur de se rendre maître de cette minuscule place forte.

Les vallées de ces deux cours d'eau sont agréables. On peut les suivre des yeux quand on fait l'ascension de la montagne de Beaumont au pied de laquelle s'étend Redon. Au sommet de cette « montagne », le voyageur n'atteint encore qu'une cinquantaine de mètres au dessus du niveau de la mer.

A Redon commence la vallée de la Vilaine. En amont de la ville ce fleuve possède une existence indépendante. Encore a-t-on réduit cette indépendance en canalisant ses eaux jusqu'à Rennes. La Vilaine fut une des premières rivières de France à être ainsi rendue navigable. Cette canalisation fut réalisée au début du XVIe siècle. Mais ce n'est pas Léonard de Vinci qui fut, comme on l'a trop souvent répété, l'auteur du projet de canal. Pour avoir perdu cette nonchalance, cette liberté vagabonde, charme des rivières qui font l'école buissonnière à travers la campagne, la Vilaine ne mérite pas d'être dédaignée. Sans doute, un chemin de halage la surveille étroitement; sans doute enfin le nom même de cette rivière n'est guère engageant; eh bien ! malgré toutes ces objections, nous l'affirmons, le promeneur peu pressé qui aurait la patience de suivre les contours de la Vilaine à bord d'un chaland paresseux ou d'un voilier garderait un souvenir exquis de cette longue promenade.

En quittant Redon, la Vilaine coule pendant plusieurs kilomètres entre des prairies, elle reçoit en amont de Redon plusieurs affluents qui alimentent des étangs : Canut de Renac, Aff ou Don. Les Romains avaient remarqué l'aspect spongieux de cette terre : un village fut par eux appelé *Aquæ Rothonæ*, les eaux de Redon. C'est maintenant la commune de Bains.

Toute l'ampleur des marais du pays de Redon apparaît devant la mer de Murin, dans la commune d'Avessac. Cette étendue, vaste de cent soixante-quatre hectares, ressemble durant les mois pluvieux à un lac immobile, couvert de roseaux, peuplé d'oies et de canards sauvages.

Cette contrée fut habitée dès les temps préhistoriques. On n'en veut pour preuve que les innombrables mégalithes qui jonchent le sol. Rares sont les communes qui n'en possèdent un ou deux. On rencontre même parfois des alignements ou des allées couvertes, comme à Saint-Just ou à Langon. Un cromlech elliptique, dans ce dernier village, a reçu de l'ima-

83. ERQUY. École de voile

10910
12852

85

84. La pointe de l'ARCOUEST et l'île de BRÉHAT
85. PAIMPOL : le port
86. ST-QUAY-PORTRIEUX : la plage du Châtelet

84

86

87. Le fort LALATTE
88. CAP FRÉHEL : la Grande Fauconnière

87

88

89. LE GUILDO les ruines du château
90. LA HUNAUDAIE : tour d'angle du château
91. JOSSELIN le château et l'Oust

92. GUERLÉDAN : le lac
93. MONCONTOUR : saints guérisseurs dans la chapelle Notre-Dame du Haut

93

92

94

PLOERMEL

94. Portail nord de l'église Saint-Armel
95. La maison des Marmousets
96. Église Saint-Armel : le tombeau des Montauban

gination populaire le surnom assez inattendu de *Demoiselles*. Ces *Demoiselles* de Langon se dressent sur une lande nue, alignées de distance en distance comme pour une revue.

Dans le même bourg, la chapelle Sainte-Agathe n'est rien moins qu'une ancienne salle de thermes romains. Sous une peinture du XIIe siècle, on a découvert une fresque gallo-romaine représentant une Vénus anadyomène. Certaines parties de l'étrange construction qui l'abrite remontent au VIe siècle. Dans l'ensemble, elle est plus ancienne encore. Quand le pays fut évangélisé, les premiers chrétiens s'efforcèrent d'arracher le paganisme des esprits et, suivant une méthode assez générale en Bretagne où l'obstination des gens rendait ardue cette tâche, ils substituèrent la religion nouvelle à l'ancienne. Vénus devint saint Vénier (mot formé sur le génitif *Veneris*), un saint fantaisiste qui n'a jamais figuré sur le calendrier romain. Saint Vénier remplaça donc Vénus. Plus tard, parce que les hommages traditionnels des fidèles persistaient, la chapelle fut dédiée à sainte Agathe qui passe pour guérir les maladies des seins, par un obscur souvenir du culte primitif rendu à la déesse de l'Amour.

La Vilaine, à Port-de-Roche, près de Langon, se glisse entre des rochers massifs. Certains, taillés à pic, dominent tout le pays. En s'écartant un peu du fleuve on ira voir le donjon du Grand-Fougeray, seul reste d'un fort château qui fut occupé pendant la guerre de Succession de Bretagne par Du Guesclin et démantelé au XVIIIe siècle. Le hardi Breton l'enleva au chef anglais Bemborough en s'introduisant par surprise dans la cour intérieure, déguisé en bûcheron. Des bûcherons, il n'en manquait pas alors, car plusieurs forêts s'étendaient autour du Grand-Fougeray, de La Dominelais, de Saint-Sulpice-des-Landes.

Le Grand-Fougeray, comme toutes les communes situées sur la rive gauche de la Vilaine, ne fut rattaché qu'assez tardivement à la Bretagne. On n'y parla jamais breton. En faut-il conclure que cette région n'a rien de breton ? Ce serait excessif. Au Grand-Fougeray même, il existe dans le cimetière une croix qui rappelle par sa structure les calvaires de Basse-Bretagne.

Bain-de-Bretagne, coquette petite ville, est joliment assise sur les bords d'un étang, entre deux collines.

A Pléchâtel, on aborde l'un des plus beaux passages de la vallée. Le calvaire, sur la place, présente des sculptures plus variées que celui du Grand-Fougeray. L'artiste, aussi naïf, a ajouté les saintes femmes et les douze apôtres le long de l'arbre monolithe de la croix. L'ensemble reste assez grossier. Les belles propriétés, les gentilhommières, La Molière, Le Boschet, La Grézillonaye, Bagatz, se succèdent.

Des hauteurs de Bagatz on embrasse, sur la rive droite un autre aspect de la vallée. Au premier plan le moulin du Boël, heureusement restauré, est planté au milieu de l'eau. Ce site est célèbre. Fougères jaunies, roches roses, masses vertes des arbres permettent un déploiement d'harmonieux

97. GUÉHENNO : détail du calvaire

coloris. Hélas ! l'industrie est venue abîmer ce décor pittoresque : le schiste rose de Pont-Réan est une pierre de choix.

A Pont-Réan, on pénètre dans le bassin de Rennes. On suit désormais la Vilaine dans une plaine qui s'industrialise peu à peu. On a franchi avant Pont-Réan la barrière qui fermait cette cuvette. Les eaux affluent sans rencontrer d'obstacle.

Pays fertile, un des plus riches de Bretagne. Dans le bassin de Rennes, réputé pour ses élevages, on cultive surtout le blé et les pommes. Les œufs, le lait, renommés pour leur excellence, sont exportés par quantités considérables. La production du cidre reste une des ressources de la contrée. En outre, les industries agricoles, beurreries, fromageries, coopératives, se multiplient.

De Pont-Réan à Rennes, quel que soit le chemin que l'on suive (rivière ou route), on est assuré de croiser maintes allées conduisant vers des châteaux. La demeure la plus célèbre est, au confluent du Meu et de la Vilaine, Blossac. Ce château fut construit au XVIIe siècle et appartint à Paul-Esprit de La Bourdonnaye, marquis de Blossac, un des bons intendants, émule des Turgot ou des Tourny. A Poitiers, dont il administra pendant plusieurs années la Généralité, il créa au dessus du Clain ce magnifique parc qui porte justement son nom. La Bourdonnaye aimait les beaux jardins, les majestueuses avenues, les eaux vives. Il en para son château de Blossac avec un goût très sûr.

Le manoir de La Prévalaye avait une apparence moins imposante. C'était, au milieu des futaies, une simple demeure de campagne. Mais des souvenirs historiques s'y rattachent : quand en 1598 Henri IV vint en Bretagne, on sait qu'il reçut des Nantais un accueil assez froid, et c'est pourtant à Nantes qu'il signa le fameux édit; au contraire, il trouva chez les Rennais un enthousiasme qui ravit le Vert-Galant : « Voilà de belles clefs, déclara-t-il aux échevins qui lui offraient respectueusement les clefs de la ville, mais je préfère bien davantage celles qui ouvrent le cœur de ses habitants ! »

Henri IV passa une semaine à Rennes et par deux fois chassa dans les bois de La Prévalaye. Il coucha même au manoir, dit-on. Au retour, il s'arrêta dans une ferme qui existe toujours, se reposa sous un chêne (dont on montrait, il n'y a pas fort longtemps, les vénérables restes), but du lait et assista sous cet abri à des joutes bretonnes. Anecdotes traditionnellement répétées dans les chroniques rennaises et qui témoignent de la belle humeur et de la familiarité enjouée du roi Henri.

Près de La Prévalaye, qui fut entièrement détruite pendant la Seconde Guerre mondiale, à La Mabilais, une trêve célèbre fut signée entre Bleus et Chouans au mois de mai 1795. A deux lieues de Rennes, vers l'est, Châteaugiron fut jadis une seigneurie assez puissante. Le château reconstruit au XVe siècle garde deux tours anciennes et une galerie haute. Le donjon, haut de trente-huit mètres, remonte au XIIIe siècle. Cette forteresse défendait les abords de Rennes et dut résister à de nombreux assauts dont les ultimes lui furent donnés par le duc de Mercœur. Après un rude siège, le chef ligueur s'empara de la citadelle en 1592 et pendit sans merci le gouverneur et toute la garnison. Ce brillant fait d'armes laissa dans le pays une impression d'horreur assez justifiée.

Tous les environs de la métropole bretonne offrent des paysages souriants et paisibles. La Vilaine coule au milieu des champs : le canal d'Ille-et-Rance monte vers Saint-Malo entre deux files de peupliers qui courent bien droits. Et toutes les bourgades ne possèdent que des maisons modernes et des églises neuves qui remplacèrent au siècle dernier les vieux sanctuaires. Mais à l'intérieur, on découvre parfois quelque belle pièce de mobilier : retable, verrière Renaissance, orfèvrerie. Dans des parcs ombragés, des manoirs ou des châteaux conservent souvent des parties anciennes.

Les plus beaux horizons autour de Rennes, c'est dans la forêt qu'il faut les chercher. Cette forêt encerclait au Moyen Age presque tous les abords de la ville. Le défrichement a fait son œuvre et n'a laissé que quelques tronçons désignés de noms différents : forêt de Rennes (le plus épais), de Chevré, de Sévailles, de Haute-Sève...

Ce massif était domaine personnel des ducs de Bretagne et ils aimaient à y venir chasser. Ils possédaient maints manoirs; les communes situées à l'orée des bois ou même à l'intérieur de la forêt ont encore plusieurs hôtels de la Renaissance, rendez-vous de chasse des seigneurs, ou de vieilles chapelles. De l'antique abbaye de Saint-Sulpice-la-Forêt, seules subsistent quelques arcades romanes enfouies sous leurs draperies de ronces, au milieu des arbres.

Lorsque la Bretagne fut unie à la France, la forêt de Rennes devint forêt royale et, après la Révolution, forêt domaniale. Toutes les essences y poussent : chêne, hêtre, charme, tremble et bouleau. Des arbres de cent cinquante ans atteignent un diamètre d'un mètre cinquante. Le point culminant de la forêt (cent onze mètres) est situé au lieu-dit « Mi-Forêt ». Là, huit voies se croisent. Maison forestière, auberges incitent à la halte.

En forêt de Haute-Sève, un peu plus loin, certains chênes sont d'une magnifique venue.

On rejoint, après la forêt, le pays de Fougères. Pour demeurer autour de Rennes, il convient donc de se diriger vers l'ouest. Cette région présente çà et là de grandes étendues, quelques hauteurs, d'où l'on découvre les vallées et les bois. Les villages ont parfois des églises anciennes; bien peu sont antérieures au XVIe siècle. Plusieurs châteaux, Boisgeoffroy (qui est en ruine), Le Verger au Coq, furent construits à la fin de la Renaissance ou au XVIIe siècle. La plupart des propriétés sont modernes. On croise à Saint-Médard-sur-Ille le canal d'Ille-et-Rance et l'on retrouve ensuite la route de Rennes à Saint-Malo. Et voici Hédé. Ce gros bourg est bien placé : une rude côte mène au sommet de la colline qui porte les ruines de son vieux château.

L'église est en majeure partie romane, assez bien conservée. On y admire de beaux fonts baptismaux de la Renaissance et une statue de la Vierge en albâtre de même époque. L'archéologue sera surtout séduit par un sanctuaire voisin : celui des Iffs.

Cette petite église est charmante. Sa flèche pointue s'orne d'arcades au cintre brisé; une galerie ajourée entoure le clocher. Cet édifice vaut surtout par une admirable suite de verrières du XVIe siècle. Le pays de Rennes a de toute antiquité produit des vitraux. N'a-t-on pas recueilli le souvenir de ce moine Valère qui, dès 1060, travaillait pour l'abbatiale Saint-Melaine ? Cet art ne s'était pas perdu et il existait au XVIe siècle, autour de Rennes, de florissants ateliers. Les églises voisines des Iffs, Saint-Symphorien, Saint-Gondran, Vignoc, offrent de bons spécimens de leur production. Mais c'est aux Iffs qu'on en peut apprécier toute la perfection. Ces neuf verrières sont d'une éblouissante variété de coloris.

Dans la même commune des Iffs s'élève sur une éminence le château de Montmuran qu'illustra Bertrand Du Guesclin. Le vaillant Breton y fut, dit-on, armé chevalier après une nuit passée en prières dans la chapelle (1354). Du Guesclin venait d'emporter de haute main la forteresse qu'avaient conquise des routiers anglais. Un peu plus tard, il épousa Jeanne de Laval sa seconde femme dans cette même chapelle. Cependant la grande entrée du château, les tours fortifiées (dont l'une paraît être du XIIe siècle) donnent encore à cette citadelle féodale un redoutable aspect. Le site est impressionnant : forêt touffue, rochers à pic et, au bas de l'enceinte, étang aux eaux dormantes. N'est-ce pas là un paysage romantique à souhait ? De fait, Combourg n'est pas bien loin.

Après Bécherel, le pays se transforme insensiblement. Les vallées se font plus sauvages, plus resserrées. Des calvaires sculptés apparaissent dans les cimetières : celui de Médréac n'est pas encore très fouillé. Sur le territoire de cette commune est situé un des plus beaux alignements mégalithiques de la région. De grands personnages furent seigneurs de ces paroisses : voici Caradeuc, château du procureur général La Chalotais; plus loin, le berceau de la famille de Chaulnes est arrosé par la Rance qui coule déjà dans une vallée profonde. L'aspect boisé du paysage s'accentue. Les églises sont intéressantes. Celle de Trémeur est entourée d'un ossuaire et flanquée d'un porche de bonne facture. Celle de Caulnes a des parties romanes; Yvignac également, près de Broons.

A La Motte-Broons naquit en 1321 Bertrand Du Guesclin. Aîné d'une famille de dix enfants, il causait le désespoir de ses parents par sa laideur, son caractère grognon, son goût inné des coups et des combats. Mais ce goût, comment ne l'eût-il pas contracté sur cette terre où les routiers anglais et bretons se guerroyaient sans trêve ? Bertrand fit ses premières armes à Dinan, à Rennes, à Montmuran, autour du sol natal. Bien avant la Révolution, le château de Bertrand était entièrement démoli. Pour honorer le grand capitaine, le Conseil général des Côtes-du-Nord fit élever sur son emplacement, en 1840, une colonne de granit.

Une route d'une vingtaine de kilomètres ramène à Saint-Méen, soit directement, soit en passant par Merdrignac, ce qui permet de traverser Saint-Launeuc et l'austère forêt de La Hardouinais. Saint-Méen doit son nom au fondateur d'une puissante abbaye qui vivait au VIIe siècle. Enrichie par les dons des rois de Bretagne et spécialement par les libéralités de Judicaël qui y vint mourir, le moûtier prospéra. L'église, fort abîmée, est surmontée d'une tour aux baies romanes. A l'intérieur, des colonnes sont terminées par des chapiteaux également romans. Plusieurs pierres tombales gisent près de l'église. Quant aux bâtiments de l'abbaye qui furent reconstruits au début du XVIIIe siècle, ils abritent aujourd'hui un petit séminaire. Le bourg possède quelques vieux logis et une croix à personnages d'une sculpture naïve.

La campagne environnante est agréable : des étangs poissonneux, des boqueteaux, des vallées entourent Saint-Méen. Le Meu qui naît non loin de La Hardouinais traverse l'étang du Loscouët et, sans se presser, musant à travers les prés, se dirige vers Montfort où il s'unit au Garun.

A Iffendic, l'église est terminée par un chevet flamboyant orné d'une chatoyante verrière de la Renaissance et un porche appuyé sur une galerie qui servit jadis d'ossuaire.

Montfort-sur-Meu s'appelait autrefois Montfort-la-Cane. Ce dernier surnom rappelait une curieuse légende. Au Moyen Age — au moins en des temps très reculés — un seigneur cruel (naturellement) s'était emparé d'une belle jeune fille avec l'évidente intention de la mettre à mal. Pour vaincre la résistance de sa victime, il l'avait enfermée dans un gros donjon — peut-être celui-là qui domine encore la petite ville ? La malheureuse, pour se soustraire aux outrages de son ravisseur, supplia saint Nicolas de la sauver. Aussitôt, elle fut transformée en cane et disparut par la fenêtre. Et depuis ce temps, et pendant plus de trois cents ans, on vit chaque année une cane escortée de ses canetons voler le jour anniversaire du miracle jusqu'à l'église et déposer sur l'autel de saint Nicolas un de ses petits en témoignage de reconnaissance. Chateaubriand a raconté cette surprenante aventure dans les *Mémoires d'outre-tombe*.

De Montfort-sur-Meu, on peut rejoindre aisément la forêt de Paimpont.

Brocéliande, où se situe le cycle prestigieux des romans de la Table ronde ! Brocéliande, le domaine de Merlin et de Viviane, la gracieuse fée qui venait mirer sa jolie silhouette dans les eaux endormies des étangs; voilà donc les derniers restes de l'illustre forêt.

La forêt de Paimpont occupe aux lisières de l'Ille-et-Vilaine et du Morbihan près de huit mille hectares. C'est encore — et malgré des coupes répétées qui ont créé, çà et là, de larges trouées — la plus étendue de Bretagne, « la Mère-Forêt » comme on se plaisait à l'appeler. Brocéliande, *Broe-hallian*, c'est le refuge de la puissance druidique. Fils d'une religieuse et d'un esprit malin, Merlin y vécut des jours merveilleux en compagnie de Viviane qui l'avait enchanté d'un philtre ensorcelant. On voit encore la maison de Viviane qu'enclôt un large fossé, le Val des Faux-Amants où Morgane tient enchaînés les cœurs infidèles, la fontaine de Barenton que garde un chevalier. Toute cette mythologie médiévale revit au milieu des arbres et des étangs de la forêt.

La forêt des beaux arbres ! Mais Brocéliande-Paimpont n'est pas qu'une forêt sauvage : au bord des étangs, des châteaux s'élèvent encore. Leur nombre a diminué, car il a fallu abattre bien des hameaux depuis qu'en lisière de ce massif, non loin de Guer, a été définitivement établie l'École interarmes, ancienne École de Saint-Cyr transférée en Bretagne.

Mais voici, en Tréhorenteuc, la Rue-Neuve, élégant logis aux tourelles d'argent. Voici, près de Concoret, le château de Comper édifié au confluent de trois étangs. Ce château-là participa étroitement à l'histoire de la forêt. Les *Usements de Brocéliande* furent rédigés en ses murs. Au XVIe siècle, il appartint à la maison de Coligny; un frère de l'amiral y organisa le prêche, sans grand succès, auprès des fidèles de Saint-Méen ou de Saint-Léry. Trécesson, dans un autre coin, date du XVe siècle. L'intérieur est décoré de belles boiseries de chêne.

La petite commune dont la forêt porte le nom, Paimpont, est aussi sur les bords d'un étang. Son église, jadis abbatiale, est un monument du XIIIe siècle qui possède également des boiseries sculptées et surtout un magnifique Christ d'ivoire, parfait dans le détail et la recherche d'expression. Ce Christ date du XVIIIe siècle.

A une lieue de Paimpont, Les Forges ressemblent à un village d'opéra-comique. On y travaillait le fer autrefois.

Les charbonniers disparaissent, et les autres industries du bois ne nourrissent plus leur homme. N'évoquons pas la production de la toile. Il y a beau temps que les teilleurs de lin ont cessé d'approvisionner les fabricants de Bretagne et de France.

Paimpont reste une des plus belles forêts de Bretagne.

LA COTE D'ÉMERAUDE

« FIÈREMENT posée sur sa rude colline de granit, Dinan s'élève entourée de sa ceinture de murailles que surmontent les hauts clochers de ses vieilles églises, dominés à leur tour par les créneaux de l'antique citadelle; mais aujourd'hui les vestiges guerriers ne sont plus que l'ornement des villes heureuses et libres; elles sont fières de leurs créneaux comme une jeune femme est heureuse de porter les vieux bijoux de son aïeule. »

Ainsi s'exprime avec un brin d'emphase Jules Janin et, après lui, Émile Souvestre, Pol de Courcy et bien d'autres, jusqu'à Roger Vercel, ont parlé avec passion de cette ville de Dinan, toute parée de ses remparts moussus, de ses jardins qui dominent la Rance, de ses vieux logis.

Ce sont les remparts qui frappent d'abord la vue du voyageur. En les contemplant, le long de la promenade des Grands ou des Bas-Fossés, on songe invinciblement au passé de gloire de cette cité bretonne.

Le rôle de Dinan n'apparaît guère avant les luttes pour la Succession de Bretagne au XIVe siècle. Auparavant, le château fondé par Hamon de Dinan n'avait pas été appelé à de hautes destinées. La situation de la ville, toute proche du comté de Penthièvre, lui fit prendre parti pour Charles de Blois. En 1359, le duc de Lancastre assiégea donc Dinan; la cité était défendue par un capitaine breton dont on vantait l'habileté mais qui n'avait pas encore fait ses preuves : c'était Bertrand Du Guesclin. Le futur connétable démontra prestement sa valeur aux Anglais. Pour une atteinte aux règles de la chevalerie (ce droit des gens des combats féodaux), Du Guesclin provoqua en lutte singulière un des chefs assiégeants, Cantorbery. Lancastre fut l'arbitre du duel qui se déroula en 1357 dans les fossés de la ville et s'acheva naturellement par le triomphe du Breton. Après quoi, les Anglais ne tardèrent pas à déguerpir.

Quelques années plus tard, Charles de Blois était tué à Auray et Jean de Montfort pénétrait à Dinan.

Après la bataille de Saint-Aubin-du-Cormier, en 1488, un corps de troupe français assiégea Dinan qui se rendit sans éclat. L'heure des résistances était passée; la Bretagne devenait française; au cours de son triomphal voyage à travers l'Armorique, Anne séjourna au château qui, en souvenir, a gardé son nom.

Pendant les guerres de Religion, Dinan se prononça pour Mercœur; par ruse, une bande de Malouins, avec la complicité du prieur de Saint-Sauveur, parvint à reprendre la ville aux Ligueurs.

Derniers feux de gloire sur Dinan qui ne connut ensuite que l'animation créée par les états de Bretagne, quand ceux-ci se réunissaient en cette bonne cité.

Les remparts courent toujours à travers les douves et les jardins; ils cernent la colline, surplombant la Rance. Une quinzaine de tours subsistent d'où l'on domine un superbe paysage. Le plus magnifique panorama se contemple du haut de la tour Sainte-Catherine, au dessus du port, près du charmant jardin anglais : on l'a justement comparé à un tableau de Nativité flamande. Les tonalités sont adoucies, légères; les prés, les collines sont d'émeraude; les toits, le fleuve couleur d'argent.

Le château, rude donjon bâti sur la face opposée de la rivière, est formé de deux tours jumelles allongées, au chemin de ronde porté par des mâchicoulis à triple voussure, suivant un mode de construction cher aux Bretons : il fut l'œuvre de François II qui le reconstruisit dans la seconde moitié du xve siècle.

Au milieu de la courtine qui le relie à la tour de Coëtquen s'ouvre l'ancienne porte du Guichet, datant du xiiie siècle. Il faut la franchir pour visiter un intéressant musée où les coiffes bretonnes, le mobilier de la région voisinent avec des productions traditionnelles du pays de Dinan, en particulier celle de la toile, jadis florissante.

Quatre portes perçaient les murailles, toutes quatre creusées sous des tours protectrices : portes de Saint-Malo, de Saint-Louis, de Brest — qui a disparu en 1879 — et surtout, la plus ancienne, la porte du Jerzual.

La rue du Jerzual est sans doute une des rues les plus curieuses que l'on puisse voir en France : véritable coulée de demeures médiévales qui se glissent le long de la colline abrupte en une pente rude aux promeneurs, cette rue du Jerzual avait pour mission d'unir la ville haute au port. Tandis que les quartiers habités s'arrêtaient aux remparts, elle continuait de pousser ses maisons le long de l'escarpement de la colline, sans se soucier de la dégringolade. Aussi, tous ces logis étaient-ils vénérables à souhait. Pans de bois, étages en encorbellement, toits biscornus, c'était à chaque tournant un émerveillement nouveau. Fortement secoués par les explosions des obus en 1944, plusieurs de ces vieux logis ont été ébranlés ou ruinés. On les a restaurés en utilisant les matériaux d'origine avec autant de scrupule que de goût.

La rue est coupée par la robuste porte du Jerzual. Cette poterne du xiiie siècle s'ouvre sous une arcade brisée : au-dessus, deux baies donnent jour dans un réduit d'où les hommes d'armes surveillaient le passage.

L'intérieur de la ville mérite une visite. Les rues étroites sont bordées de maisons dont les étages s'asseoient sur des piliers de pierre ou de bois. Elles ont conservé les noms des communautés de métiers qui les peuplaient : rue de la Lainerie, rue de la Ferronnerie. Sur la place de l'Apport, il y a toute une galerie de maisons ainsi portées sur d'épais pilotis. Quelques logis de la Renaissance ont un aspect plus cossu.

L'église Saint-Sauveur possède une façade romane, bien mutilée, qui rappelle l'art poitevin. Roman également le mur méridional de la nef épaulé par des contreforts-colonnes comme en Poitou. Le reste de l'église appartient surtout au xve siècle ainsi qu'en témoignent les fines crédences sculptées

98. LA TRINITÉ près de Rosporden

CONCARNEAU

99. Sur les remparts de la ville close
100, 101. La Criée
102. Le marché aux poissons

99

100

101

102

PLOGONNEC

103. Saint Claude
104. L'église

105. La chapelle de SAINT-GILDAS
106. GOULIT-AN-DRÉO près de Cast

103

104

105

106

DOUARNENEZ

107. Vue générale
108 à 110. Sur le port

108

109

110

dans le mur. C'est en cette église que se trouve, dans un cénotaphe noir surmonté d'une urne, le cœur du connétable : *Cy gist le cœur de Messire Bertran du Gueaquin en son vivant conetable de France qui trepassa le XIIIe jour de juillet l'an mil III C IIII XX dont le corps repose avecques ceulx des roys à Saint-Denys en France.*

Effectivement, on sait que l'illustre Breton mourut à Châteauneuf-de-Randon, en Gévaudan. Son corps fut dispersé à travers la France : l'église Saint-Laurent du Puy en garda une partie, Saint-Denis une autre que la Révolution jeta au vent. Mais Dinan conserve précieusement le cœur de celui qui la défendit si courageusement.

L'église Saint-Malo, qui date de la fin du XVe siècle, n'a été terminée qu'au XIXe siècle. Un élégant portail Renaissance ouvre sur le bras droit du transept. A l'intérieur, un diable accroupi sous un bénitier moderne grimace étrangement : ce diable paraît souffrir autant que s'il était dans le bénitier, position intolérable — comme chacun le sait — pour le prince des démons ! L'horloge du beffroi, donnée en 1507 par Anne de Bretagne, égrène toujours son carillon au dessus de la ville.

A côté du vieux Dinan, des quartiers neufs se sont construits. Autour de la place Duclos, qui porte le nom d'un académicien né à Dinan au XVIIIe siècle, des rues ont été percées.

La ville avait peu souffert des combats qui précédèrent sa libération en août 1944. Elle s'étend maintenant au delà de la Rance et des industries nouvelles s'y développent. Mais c'est pendant l'été que cette séduisante cité connaît une animation justifiée. Car, comme l'a écrit Roger Vercel, « c'est le secret de Dinan de rajeunir ses vieilles pierres au milieu de verdures neuves ».

Plusieurs buts d'excursions incitent à prolonger un séjour à Dinan : le château de La Conninais, demeure Renaissance au donjon épais décoré de gracieuses lucarnes; le Val d'Argentel où, sous l'Ancien Régime, d'aimables dames escortées de galants gentilshommes se pressaient pour prendre des eaux; un peu plus loin, voici le prieuré de Léhon sur les bords de la Rance. Ce prieuré fondé au IXe siècle en l'honneur de saint Magloire reçut les libéralités de tous les seigneurs de Dinan. Le réfectoire appartient au style gothique; l'église a été restaurée; elle renferme les pierres tombales des familles d'Avaugour et de Dinan. Au delà du village et du prieuré, les tours ruinées du château de Léhon sont perdues dans la forêt.

Mais l'excursion la plus célèbre est celle qui mène le touriste, en descendant la Rance, de Dinan à Dinard.

Tant d'écrivains ont déjà chanté ce voyage le long des rives vertes qu'on a scrupule à refaire cette description : le départ, quand le fleuve encore canalisé se resserre entre les collines, puis les premières nappes d'eau après l'écluse du Châtelier, la plaine de Mordreuc où déjà le fleuve prend une incomparable majesté. Ici ou là sur les coteaux, des châteaux, des maisons de campagne disparaissent sous la verdure : ce sont les malouinières. Les

111. Pointe du RAZ

corsaires aimaient jadis à se retirer au dessus de la Rance dans ces demeures fleuries; le clapotis des eaux, le bruit des navires en construction — car sur les bords du fleuve les chantiers de réparation des trois-mâts étaient nombreux — leur donnaient un peu l'illusion de revivre l'existence passée. C'était un remède à l'ennui.

Après le pont suspendu qui unit Port-Saint-Jean à Port-Saint-Michel, la Rance n'est plus qu'un immense lac. C'est entre le rocher de Chalibert, qui est situé dans l'estuaire, et la pointe de la Brebis qu'a été construite la fameuse Usine Marémotrice de la Rance. Pour la première fois au monde on utilise, en se servant des techniques les plus modernes et les plus originales, la force motrice des marées (qui sont, dans cet estuaire, parmi les plus fortes du globe) afin de produire de l'énergie électrique. L'usine, conçue par les architectes Arretche et Marty, ne défigure pas trop le site. Une grande écluse permet de maintenir la navigation et une route établie sur la voûte même de l'usine relie Saint-Malo à Dinard en évitant le pont de Port-Saint-Jean. Mais les amateurs de navigation et de beaux paysages continuent à préférer le bateau.

Celui-ci suit les rives en décrivant de larges courbes. Des villages sont nichés au creux des collines. Voici Saint-Suliac, près duquel se trouve un menhir placé sous le signe de Gargantua. L'église gothique de ce vieux bourg aux rues montueuses est consacrée à l'un des pieux ermites qui traversèrent la Manche dans des auges de pierre pour christianiser le pays. D'autres bourgades sont plantées sur la hauteur : Le Minihic-sur-Rance, La Richardais, Saint-Jouan-des-Guérets. On contourne la pointe de La Vicomté; on longe le rocher de Bizeux et tout à coup, l'horizon s'élargit, la houle saisit le bateau, la tour Solidor semble toujours garder la passe; enfin apparaissent les remparts de Saint-Malo.

Dinard, de l'autre côté, offre l'éblouissement de ses jardins qui se prolongent jusque dans la mer.

En 1850, Dinard n'était qu'un hameau dépendant de Saint-Énogat, un petit port où venaient accoster les navires chargés de marchandises. Des bateaux plats vous passaient pour un sou à Saint-Malo. Vingt ans plus tard, Dinard devenait le centre d'une véritable colonie anglaise. Séduits par la beauté du rivage, la douceur d'un climat que le Gulf Stream tempère, le duc d'Audiffret-Pasquier, MM. Coppinger, Roederer, le baron Féart se fixèrent en ce site et y construisirent de somptueuses demeures. A cette époque, la vogue des bains de mer lancée par l'impératrice Eugénie se répandait à travers la France. Dinard devint une station à la mode et se classa bientôt parmi les plages les plus coquettes de France. La faveur des Anglais n'y contribua pas en vain.

La plage s'arrondit en un hémicycle parfait. Les pointes qui l'enserrent sont couvertes de belles villas. Boulevards, avenues parent la ville neuve d'une élégance de bon aloi.

La construction d'une piscine d'eau de mer chauffée complète l'équi-

112. CONCARNEAU

112

pement touristique. On ne manquera pas de visiter le musée de la Mer et son aquarium et d'admirer la célèbre *promenade au Clair de Lune*.

Les plages voisines se partagent les baigneurs. Saint-Énogat s'orne d'un gracieux jardin, quelques grottes entourent la plage. A Saint-Lunaire, on parcourt l'étrange pointe du Décollé, jeu de la Nature qui a creusé une faille dans la roche : le Trou du Chat paraît détacher de la terre l'extrémité de la pointe. Une vieille église abrite des pierres tombales et rappelle que le pays, avant de devenir station balnéaire, fut habité par de rudes marins : les seigneurs qui y vécurent dorment dans leurs enfeus un sommeil que ne troublent pas les curieux.

Saint-Briac, avec sa Garde-Guérin d'où l'on embrasse toute la côte, et Lancieux ferment la presqu'île de Dinard et ramènent à l'Arguenon, en face du Guildo.

Par des routes de terre, on rejoint facilement l'embouchure de la Rance; une vedette rapide traverse l'estuaire.

■

On l'a souvent répété : « Saint-Malo semble un vaisseau de granit prêt à s'élancer vers le large; cet îlot est un véritable navire à l'ancre, bercé par les tempêtes. » Ilot, le terme n'est plus vrai; depuis plus d'un siècle, des bandes de terre ont rattaché au continent le noir rocher sur lequel s'est élevée la ville. Des bassins ont réuni Saint-Malo à Saint-Servan. Mais jadis, quand l'île n'était reliée que par une étroite chaussée, le Sillon, l'image était parfaitement juste. Quand aujourd'hui encore on y accède par la mer, elle conserve sa valeur. En revanche, par les voies de terre, il n'en va plus de même. C'est pourquoi la cité des corsaires mérite d'être d'abord contemplée du large; on saisit mieux sa splendide beauté de ville maritime, baignant presque entièrement dans les flots.

Et l'on comprend que, même au VIe siècle, des moines aient hésité à s'y fixer et, au rocher désert, aient préféré la grève d'Aleth, moins secouée par les vents. Aaron et son disciple Malo, venus tous deux de Grande-Bretagne, convertirent au christianisme les habitants de la côte. A la suite de quelques troubles, las des perpétuelles dissensions qui éclataient entre ces peuplades, Malo se réfugia à Saintes, où il mourut. Peu après, les fidèles, remplis de repentir, supplièrent le roi franc Childebert III de leur rendre le corps du saint. Bon prince, Childebert leur accorda la tête et la main droite que les Bretons, triomphalement, rapportèrent chez eux.

Pour être à l'abri des invasions, ils transférèrent le centre de leur cité sur le rocher qu'on fortifia bientôt : il prit alors le nom de Saint-Malo.

Telle est traditionnellement l'origine de la cité malouine et dès ces temps lointains apparaissent déjà les traits saillants des habitants — leur ombrageuse indépendance — et de leur ville, son caractère religieux. Au cours des siècles, ces deux traits se perpétuèrent. Indépendants, les Malouins ne se soumirent jamais qu'à des pouvoirs locaux : l'évêque, le Chapitre, la Communauté de ville, trois puissances rivales qui souvent s'affrontèrent, mais toujours s'entendirent pour défendre la cité, l'enrichir et protéger jalousement son autonomie.

Les ducs eux-mêmes durent s'incliner; on le vit bien pendant les guerres de Succession : alors que toutes les villes du duché soutenaient qui Jean de Montfort, qui Charles de Blois, Saint-Malo affecta de ne se point prononcer. Cette indifférence irrita fort les Anglais. Lancastre bombarda les remparts. Mais ses boulets éraflèrent inutilement les murailles : la flotte ennemie s'en retourna bredouille. Les Malouins rancuniers ne pardonnèrent pas à Jean VI, allié des Anglais. Ils refusèrent de le reconnaître après sa victoire d'Auray. Pour les punir, Jean fit bâtir à Saint-Servan une rude bastille, la tour Solidor, qui surveilla la mer et gêna le commerce de la cité.

Plus tard, Saint-Malo ouvrit bénévolement ses portes aux troupes de Charles VIII. L'évêque et le Chapitre restaient, avec le Corps échevinal, les seuls maîtres de la ville. Et ils se rebellèrent quand Anne de Bretagne prétendit, de sa seule autorité (et sans avoir consulté les pouvoirs locaux), remettre en état le château assez délabré et continuer ainsi les travaux entrepris par le duc François, son père. Le mécontentement fut grand. Anne passa outre et, pour marquer sa volonté, la petite duchesse fit graver sur la tour réparée par ses soins cette ligne moqueuse : *Qui qu'en grogne, ainsi sera, car tel est mon bon plaisir*. La tour qui qu'en grogne... le nom lui resta. Avec la Générale et le donjon, cet ensemble robuste semblait tourné contre la ville autant que vers le large.

Qu'importait, au fond, pour ces marins aventureux ? Au moment même où la reine abaissait ainsi l'orgueil de l'évêque, naissait à Saint-Malo Jacques Cartier. Trente ans après, l'audacieux navigateur découvrait le Canada et traçait ainsi la voie à cette lignée de corsaires, gloire de la ville. Et certes, d'autres marins fameux sont nés ailleurs qu'à Saint-Malo, des corsaires se sont élancés vers d'autres rivages. Il n'est sans doute pas de ville dont le caractère ait plus fortement marqué l'âme de ses habitants.

Les exploits de Jacques Cartier inaugurèrent l'intense développement de Saint-Malo. Activité dont toute la France profita. Mais les Malouins n'en gardaient pas moins leur goût pour la liberté. Les guerres de Religion en fournissent un nouvel exemple. Épisode vraiment sensationnel : en 1590, la ville qui s'inclinait pourtant depuis un siècle devant l'autorité royale se souleva contre son gouverneur, un partisan sans finesse d'Henri IV, Honorat de Bueil. La garnison fut massacrée; le gouverneur aussi. Pendant *quatre ans*, Saint-Malo s'administra en république indépendante. Tout simplement. Puis elle daigna se soumettre à Henri IV qui, trop heureux de voir la fin du schisme, pardonna généreusement aux meurtriers de ce pauvre Honorat.

Ensuite, la ville resta fidèle : elle arma une flotte pour aider Louis XIII à reconquérir La Rochelle. Le siècle de Louis XIV fut le grand siècle de Saint-Malo. Ce fut celui des Duguay-Trouin, des Porcon de La Barbinais,

113

115

114

113. SAINT-HERBOT

Église de GUIMILIAU

114. Saint Roch
115. Saint Yves entre le riche et le pauvre

116. LOCRONAN. Tombeau de saint Ronan

des Magon. Les corsaires harcelèrent sans relâche les navires ennemis et leur livrèrent de rudes coups. Toutes les prises étaient bonnes. Par deux fois, les Anglais essayèrent de s'emparer de la cité. En 1693, ils firent exploser une machine infernale qui causa aux Malouins beaucoup plus de peur que de mal.

Outre la Course, cabotage et grande pêche enrichirent Saint-Malo. La prospérité se manifesta dans les constructions; les compagnies coloniales édifièrent ces vastes maisons qui surplombaient les remparts et transformaient les rues étroites en des couloirs d'ombre. Des doubles fenêtres croisillonnées de petits carreaux protégeaient ces hôtels contre les coups de vent d'ouest. La plupart avaient conservé leur disposition primitive : larges escaliers de bois, plafonds sculptés, boiseries ouvrées.

Les monuments reflétèrent également cette prospérité. Ces puissants armateurs qui, sans gêne, pouvaient prêter à Louis XIV désargenté pendant la guerre de Succession d'Espagne trente millions de livres, voulurent embellir leur ville de nobles édifices. Ils dotèrent la cathédrale Saint-Vincent d'une façade classique; déjà, au XVIe siècle, celle-ci avait subi de notables agrandissements. Les Malouins respectèrent les voûtes angevines de la nef qui remontaient au XIIe siècle et le chœur du XIIIe, imité du gothique normand.

L'édifice avait grandement souffert en 1944. Il a été admirablement restauré et a retrouvé sa primitive beauté. La flèche abattue par les Allemands a été remontée en forme de pyramide de granit à huit côtés, très élancée. On a ramené le sol du chœur et celui du déambulatoire à leur niveau d'origine. On dégage des fenêtres bouchées et les vestiges du cloître.

La richesse de Saint-Malo persista au XVIIIe siècle. De 1708 à 1737, on restaura les fortifications d'après les plans laissés par Vauban. Les remparts furent mis en l'état où ils demeurent actuellement, car le XIXe siècle se contenta de les maintenir intacts. Les guerres de Louis XV entravèrent considérablement le commerce. La grande époque des corsaires était passée.

Le 4 septembre 1768, dixième enfant d'un armateur malouin, le chevalier François-René de Chateaubriand venait au monde en une maison de la sombre rue des Juifs. L'enfance de Chateaubriand se déroula un peu à Saint-Malo. Lui-même nous a conté comment il se plaisait à vagabonder avec les polissons de la ville autour de la porte Saint-Vincent, près de l'hôtel où sa famille était venue résider peu après sa naissance. Il construisait des forts sur la plage, en face du Grand-Bé. Et « après avoir vu s'écrouler tant de châteaux bâtis pour l'éternité », Chateaubriand est revenu dormir dans cette tombe nue qu'entoure une simple grille, en face de la ville close, théâtre de ses premières années. Six ans plus tard, dans une rue voisine, Félicité de Lamennais naissait également à Saint-Malo. Ce fils illustre de la Bretagne passa lui aussi d'heureux jours autour des remparts de sa ville natale.

Pendant la Révolution, « Port-Malo » connut la Terreur sous l'impulsion du représentant du peuple Le Carpentier. Surcouf est le dernier corsaire et porte de rudes coups aux Anglais. Au cours du XIXe siècle, tandis que le port armait pour la grande pêche et, par ses bassins peu à peu aménagés, attirait de nombreux navires caboteurs, le Sillon, qui l'unit à la gare et à Paramé, se peuplait de villas et les touristes affluaient pour admirer le château, les remparts, la ville close.

Ce que dix siècles de la plus glorieuse des histoires n'avaient pu entamer, une semaine de bataille moderne suffit à le ruiner. Terrés dans le fort de la cité, les Allemands de von Aulock résistèrent désespérément du 4 au 14 août 1944 et incendièrent, avant de se rendre, les maisons que les bombardements n'avaient pas encore détruites. Effroyable désastre : la ville close n'était plus. Les logis à pans de bois brûlèrent les premiers; ils sont à tout jamais anéantis. Les grands hôtels du XVIIIe siècle, aux hautes toitures qui couvraient les appartements des riches armateurs, la maison des Bigorneaux, celle de Duguay-Trouin, ces légendaires « maison de verre » avec leurs cages de bois, toutes ou presque toutes disparurent. Saint-Malo, le Saint-Malo de l'enchanteur et des grandes ombres héroïques, Saint-Malo avait sombré.

Avec une délicatesse, une piété, un souci d'exactitude qui font le plus grand honneur au Service des Monuments historiques et aux urbanistes, Saint-Malo a été entièrement reconstruit « à l'identique ». Seules quelques rues ont été un peu élargies. Les immeubles ont été reconstitués, et souvent avec les pierres mêmes que l'on avait pu sauver. Comme on l'a justement souligné, la renaissance de Saint-Malo est un des plus beaux exemples de reconstruction en France. Mais, a-t-on rendu à la cité des corsaires l'âme qui s'est envolée en août 1944 ?

Les remparts avaient peu souffert. On peut en suivre le contour de la porte Saint-Vincent à la porte Saint-Thomas et, de chaque bastion souvent décoré d'un petit jardin public ou d'une statue, on découvre des horizons nouveaux. La courtine est dominée par les nobles hôtels qui la bordent et sont parmi les plus beaux de la ville.

Le château a été entièrement restauré. L'hôtel de ville en occupe une partie. Le musée municipal a été installé dans le grand donjon, voisin de la Générale. On y remarque surtout des souvenirs historiques des fastes malouins, des corsaires à la guerre de Course. Duguay-Trouin et Surcouf y sont à l'honneur.

L'activité du port de Saint-Malo-Saint-Servan se développe constamment. Ses bassins ont été modernisés et rajeunis et ont permis la création d'un port de plaisance, le plus important de l'Ouest, offrant en permanence 150 postes à flot avec épis d'accostage munis de passerelles. Un port de pêche fraîche a été récemment créé avec criée et magasins de mareyage. Les exportations de marchandises ont sensiblement augmenté depuis quelques années. Les exportations, principalement en direction de la Grande-Bretagne et des îles anglo-normandes, portent surtout sur les légumes, le beurre, les œufs, les importations sur les houilles et les bois. Il existe aussi

Page suivante
117. Le château de SUSCINIO
118. Les marais salants de SAILLÉ

117

118

des ateliers de construction de chalutier en fer. Mais c'est à peine si quelques navires pratiquent encore la grande pêche sur les bancs de Terre-Neuve.

Paramé et Saint-Servan forment depuis 1967 avec Saint-Malo une seule commune. Paramé est une des plus anciennes stations balnéaires de France. Aussi de Rocabey à Rochebonne, les villas se pressent, d'une architecture souvent luxueuse mais parfois désuète. Un ancien hôtel a été aménagé en thermes marins. Une digue-promenade suit la plage jusqu'à la pointe. Le manoir de la Chipaudière, édifié entre 1710 et 1720, est une des plus élégantes malouinières de la contrée.

Très différent est Saint-Servan. La capitale des Curiosolites n'a pas conservé grand-chose de son histoire : elle fut bientôt détrônée par Saint-Malo. De la cathédrale primitive bâtie au xe siècle ne subsistent sur la presqu'île que quelques fondations et son abside. La massive tour Solidor a résisté assez bien aux combats de 1944. Construite en 1382, elle s'élève au bord de la Rance sur un rocher qui avance dans la baie. Et autour de Saint-Servan, des industries nouvelles se multiplient.

De Paramé à Cancale, entre des pointes rocheuses, s'abritent quelques plages sans prétention : Rothéneuf, La Guimorais. La pointe du Groin ferme la baie. A Rothéneuf, les étranges rochers sculptés attirent chaque année, par leur art primitif, de nombreux visiteurs.

Le rocher de Cancale est célèbre dans l'histoire de la gastronomie. Il s'élève à plusieurs centaines de mètres de la côte, masse énorme détachée du continent. Au port de Cancale, La Houle, on vous invitera sans doute à déguster des huîtres : invite bien tentante. Le port — port de pêche et port de plaisance — est animé.

Plus simple, avec son église blanche, le bourg couvre la colline. Il a remplacé, dès le haut Moyen Age, deux villages côtiers, Thoman et Porz-Piquan, que la mer engloutit. Accidents fréquents : les contours du rivage étaient assez mal fixés. Cancaven, devenu Cancale, connut une vie exempte de troubles, si l'on excepte l'intempestif débarquement du duc de Marlborough en 1758, lors d'une tentative malheureuse sur Saint-Malo.

Cette côte qui unit Cancale à Pontorson est plate et monotone. C'est le pays des marais de Dol, le Clos-Poulet (Plur-Aleth), vaste presqu'île qu'un effroyable raz-de-marée transforma vers 709 en île. La terre a été reconquise sur les flots et il ne subsiste plus que quelques vastes étendues d'eau auxquelles on donne le nom de mares — de fameuses mares ! Les habitants du Clos-Poulet se reconnaissent à leur caractère particulariste, fier et ombrageux. Ils enferment volontiers leurs domaines à l'intérieur de murs de pierre.

Seul piton granitique au milieu des grèves mouvantes, le mont Dol émerge. Cette ancienne île est de faible altitude : cinquante mètres à peine. Le village s'essaime au bas de la colline. Du sommet de cette éminence naturelle, la vue s'étend de Cancale au Mont Saint-Michel. Un calvaire, une chapelle sont entourés de beaux arbres. Alentour, la mer s'est peu à

Page précédente
119. La Grande BRIÈRE

peu retirée, non sans tenter au cours des siècles des retours offensifs et désastreux pour les habitants. Jusqu'au XVIIe siècle, des villages furent encore assaillis par les eaux. Puis l'homme opposa aux attaques de la Manche une digue infranchissable. Sur le sol ainsi récupéré poussent de maigres touffes d'herbe que broutent les troupeaux de moutons. Les marais sont progressivement asséchés et donnent une terre d'une remarquable fertilité.

Abandonnant ce rivage, on doit rentrer dans l'intérieur des terres : des pèlerinages littéraires complètent en effet la visite de la Côte d'Émeraude.

Par Châteauneuf, on s'éloigne de la mer. Le pays garde pourtant une apparence maritime. A La Gouesnière, le château de Bonaban, reconstruit au XVIIIe siècle, offre une magnificence qui émerveillait Chateaubriand.

En Miniac-Morvan, la mare de Saint-Coulman est un vaste marais où foisonnent les plantes aquatiques. En Plerguer, la Grande-Rosière est un autre vestige de l'invasion des eaux.

La crainte des eaux n'empêcha pas les moines de s'établir sur ces terres dangereuses. L'abbaye du Tronchet, qui existait dès le XIIe siècle, fut réédifiée au XVIIe et les moines de Saint-Maur y demeurèrent jusqu'à la Révolution.

Premier pèlerinage littéraire : c'est en Plesder que se trouve le manoir de Lamennais. Tel le vit Maurice de Guérin, tel il existe encore, dans ses hautes futaies, au bord de l'étang :

« La maison est coiffée d'un toit aigu à mansardes. Elle est blanche; on l'aperçoit à travers les bois. A l'occident est un étang encaissé comme une rivière entre deux bois qui dominent. La chapelle est située vis-à-vis de la maison au fond du jardin; elle est toute petite et toute simple. Le jardin est vaste, bien cultivé et percé de larges allées bien sablées; quelques-unes sont plantées d'arbres verts. »

En cet ermitage isolé, Félicité de Lamennais, « Monsieur Féli » comme se plaisaient à l'appeler ses amis, passa les heures les plus douces de son existence. Il aimait à se promener sous les arbres, à méditer au bord de l'étang, en compagnie de ses disciples qu'il hébergeait à La Chesnaie. Il y reçut Montalembert, l'abbé Gerbet, Lacordaire, Berryer et combien d'autres ! Quand il eut rompu avec Rome, en 1836, il quitta pour toujours son « paradis terrestre », avec quel déchirement de l'âme... Et souvent il rêva à sa terre bretonne, au milieu des luttes qu'il soutint jusqu'à sa mort.

Lamennais, Chateaubriand : les deux écrivains, qui se connurent plus tard, eussent pu se rencontrer sur le sol natal, tant étaient proches leurs demeures. Mais quand Lamennais se retira à La Chesnaie, Chateaubriand avait depuis longtemps quitté Combourg.

Laissons à l'auteur des *Mémoires d'outre-tombe* le soin de nous présenter lui-même sa demeure :

« Si la tristesse était grande sur les bruyères de Combourg, elle était encore plus grande au château. On éprouvait, en pénétrant sous ses voûtes, la même impression qu'en entrant à la Chartreuse de Grenoble[1]. Pendant

1. C'est-à-dire la Grande Chartreuse.

120
121

120. CONCARNEAU : chargement de glace
121. A AUDIERNE
122, 124. Fouesnantaises
123. Mouettes

122

123

124

la mauvaise saison, des mois entiers s'écoulaient sans qu'aucune créature humaine frappât à la porte de notre forteresse... »

Chateaubriand a longuement décrit la disposition intérieure du château :

« La chambre à coucher de mon frère était placée dans la petite tour de l'ouest et son cabinet dans la petite tour de l'est. L'appartement de ma mère régnait au-dessus de la grande salle, entre les deux petites tours. Ma sœur habitait dans un cabinet dépendant de l'appartement de ma mère. Moi, j'étais dans une espèce de cellule isolée, au haut de la tour de l'escalier... »

Il y a bien du romantisme dans les récits de courses autour du château, à travers les chênes du grand mail ou sur l'étang « quand les voix de l'automne sortaient des marais et des bois ». Peu importe ! Chateaubriand n'eût peut-être pas été le grand écrivain que nous aimons s'il n'avait vécu ces années de Combourg.

De Combourg, avant de rejoindre Dol, dernière étape de ce périple au pays malouin, il ne faut pas manquer de saluer le château de Lanrégan. C'est un des édifices les plus séduisants que le XVIe siècle en ses débuts ait laissés dans la contrée. Un château ? Plutôt un manoir de style gothique flamboyant dont les arcatures qui ornent portes et baies sont décorées de choux frisés.

De Lanrégan à Dol, la distance n'est pas grande. La cathédrale gothique de cet ancien évêché est tenue parmi les plus belles de Bretagne.

A la croisée des routes qui mènent vers la Normandie, tout près du Mont Saint-Michel dont l'abbaye attirait les plus illustres pèlerins, Dol connut dès le Moyen Age une exceptionnelle fortune. Les auberges, les « hostelleries » y abondaient; elles portaient l'enseigne de l'*Image Saint-Michel*, de la *Croix-Verte*, du *Grand* et du *Petit Paradis*, du *Pilier blanc*, du *Pilier rouge*... Une énumération complète est impossible.

« Dol, ville espagnole de France, en Bretagne, écrit Victor Hugo, n'est pas une ville, c'est une rue. Grande vieille rue gothique, toute bordée à droite et à gauche de maisons à piliers, point alignées qui font des caps et des coudes dans la rue, d'ailleurs très large... » La rue n'est plus assez large pour la circulation automobile et plusieurs logis ont disparu.

La plus curieuse des maisons, appelée à tort maison des Plaids (c'est la maison des Palets), « est un des rares spécimens de l'architecture civile du XIIe siècle en France » (BANÉAT). La façade est entièrement en granit appareillé et conserve au rez-de-chaussée les restes de trois grandes arcades en plein cintre décorées de chevrons brisés.

A côté de cette demeure particulièrement curieuse, que d'amusantes maisons, de galeries basses, de toits biscornus. Un tel ensemble était bien digne de plaire à Victor Hugo. Le poète croyait Dol incapable de soutenir un siège. La ville avait cependant victorieusement résisté à Guillaume le Conquérant, et si plus tard elle dut céder à Pierre Mauclerc, ses remparts, relevés au XIVe siècle, restèrent en bon état jusqu'à la Révolution; on en peut voir encore quelques pans et des tours bien dégagées, le long d'un jardin public dessiné au pied de ces murailles.

Le joyau de Dol, c'est sa cathédrale. En 850, Nominoë se fit couronner roi de Bretagne à Dol et, deux ans plus tard, il érigeait l'évêché en archevêché afin de libérer l'Église bretonne de la tutelle franque. L'archevêque de Tours, qui avait jusque-là autorité sur les évêques d'Armorique, protesta véhémentement. Le procès, porté en cour de Rome, dura plus de trois siècles. Il s'acheva en 1199 par la défaite de l'évêque qui dut abdiquer ses droits de métropolitain. Mais la cathédrale, commencée pourtant après cet abandon, est bien digne d'un archevêché.

La nef date du début du XIIIe siècle; nef gothique, influencée par le style normand; belle harmonie des voûtes hautes et larges, galerie au long des baies, tracé aigu des arcs. Le chœur, du XIVe siècle, est entouré d'un déambulatoire carré sur lequel s'ouvrent neuf chapelles. Le chevet plat est doté d'un grand vitrail qui narre naïvement l'histoire de saint Samson et de ses successeurs. Dans le croisillon nord s'élève le tombeau monumental de l'évêque Thomas James, un excellent morceau de sculpture Renaissance, œuvre des Florentins Antoine et Jean Juste, achevé en 1507.

A l'extérieur, la cathédrale est austère, moins séduisante. Les deux porches sont toutefois très bretons d'aspect et de composition. L'évêque Cœuret a semé le plus petit de cœurs, ses armes parlantes...

Ville épiscopale, Dol comptait plusieurs établissements religieux. L'ancien palais de l'évêque a disparu, mais l'hôtel-Dieu de la ville a été installé à l'Abbaye-sous-Dol dans le séminaire du diocèse; et toutes les maisons de la rue Sainte étaient jadis possession du Chapitre.

Tout près de Dol, le menhir de Champ-Dolent est un des beaux mégalithes de Bretagne. De forme conique, en granit rose, il mesure neuf mètres; les bonnes gens assurent qu'il s'enfonce dans la terre d'un pouce (0,02 m) par siècle. Quand il aura complètement disparu, ce sera la fin du monde. Voilà qui laisse quelques années à l'humanité !

LE PAYS DE PENTHIÈVRE

Des monts d'Arrée à la mer, de la Rance au Gouët s'étend une région d'une unité assez bien caractérisée : le pays de Penthièvre. Cette seigneurie, l'un des plus grands fiefs de Bretagne, comprenait tout l'est du département des Côtes-du-Nord, toute la partie « gallot » de l'évêché de Saint-Brieuc.

Cette châtellenie, avec celles de Moncontour et de Jugon, constituaient les principales forteresses du comté et de solides points d'appui pour leurs possesseurs. Aussi, les comtes de Penthièvre rêvèrent-ils souvent d'occuper en Bretagne une place prépondérante : Henri, au XIIIe siècle, prétendit même à la couronne ducale; pour éviter la menace de cet ambitieux, Mauclerc n'hésita pas à le dépouiller d'une partie de ses terres. Par la suite, lors de la guerre de Succession, Charles de Blois et Jeanne son épouse tirèrent le meilleur de leur force de ce domaine florissant.

Le comté de Penthièvre était en effet protégé, vers le sud, par les chaînes du Méné, une de ces deux épines de la Bretagne : elles partent des environs de Paimpont et s'achèvent aux monts d'Arrée. En venant de Loudéac, on en franchit les crêtes entre Plouguenast et Plémy. S'agit-il bien de chaînes ? Cette longue succession de croupes, de sillons n'atteint jamais quatre cents mètres. Et pourtant, des sommets on embrasse un horizon toujours immense : des cirques s'arrondissent autour de ces pitons faits de prairies aux haies coupées d'arbres, d'étangs qui se dissimulent entre les forêts.

De près, les faîtes ne sont — comme dans le Morbihan — que landes parsemées parfois de pins élancés, chemins creux aussi, et haies profondes qui furent témoins de violents engagements entre l'ennemi et les maquisards durant les mois de mai et juin 1944.

C'est à Notre-Dame de Bretagne (ou de Bel-Air) que les monts du Méné culminent : 349 mètres d'altitude ! Une humble chapelle moderne, pèlerinage fréquenté par les fidèles de la contrée, signale ce haut sommet près duquel s'élèvent maintenant deux tours pour la télévision et le téléphone. Par temps clair, la vue est admirable. Vallonnements, collines, croupes moutonnent à l'infini.

A l'est de la colline s'étend la forêt de Boquen. Élevée à la lisière de cette forêt, l'abbaye de Notre-Dame, fondée en 1137, est devenue un centre d'animation religieuse qui attire de nombreux laïcs. Si la communauté relève depuis 1950 de Cîteaux, elle est placée « hors congrégation », ce qui lui vaut une large autonomie.

Trois lieues à peine séparent Collinée de Moncontour. Un crochet permet de contempler La Touche-Trébry, beau manoir du XVIe siècle restauré et entretenu avec soin. Puis on passe auprès de la chapelle Notre-Dame-du-Haut, consacrée à sept saints, et tout voyageur se doit d'invoquer

125. La croix du Guiligui et
le port de PORTSALL

au moins l'un de ces pieux thaumaturges. Chacun d'eux est chargé d'une spécialité que le sculpteur naïf a matérialisée de touchante façon : saint Livertin qui guérit la migraine passe la main sur son front; saint Houarniaule qui dissipe la peur vous rassure d'un bon sourire. Quant à saint Mamert qui soulage les maux de ventre, il expose sans fausse honte ses entrailles.

De ce petit sanctuaire, on aboutit bientôt à Moncontour. Bastion — et non des moindres — du comté de Penthièvre, Moncontour s'avance en éperon sur une colline, à la rencontre de deux vallées, position très solide qui, plus d'une fois, découragea l'assaillant. Jean IV, en 1394, chercha vainement à s'introduire dans la ville et s'éloigna dépité. Mercœur, à deux reprises, donna l'assaut et finalement leva le siège. Une ville aussi forte constituait un danger dans une Bretagne pacifiée par Henri IV. Aussi, Louis XIII enjoignit-il de démanteler la place. Le château fut rasé; quelques tours échappèrent par bonheur, ainsi que des fragments de murailles. Tout le pays fut, pendant les guerres de la Chouannerie, tenu par Boishardy qui défia longtemps les troupes républicaines avant d'être pris — par trahison — en 1795.

Si l'on consent à abandonner la grande route pour pénétrer dans la ville, des ruelles étroites, des escaliers aux marches inégales et glissantes donnent accès à la place dédiée à saint Mathurin. La façade a été transformée par un placage du XVIIIe siècle. L'église elle-même, du XVIe, vaut par son architecture et surtout par un splendide ensemble de verrières de la même époque où l'on distingue un Arbre de Jessé, des vies de saint Jean Baptiste, de sainte Barbe, de saint Yves... Enfin la légende de saint Mathurin, dont les reliques apportées à Moncontour au IXe siècle sont en grande vénération dans le pays : magnifique imagerie d'un art consommé, sortie vraisemblablement d'un atelier trégorrois. Dès le XVIIe siècle, toute cette région tirait sa prospérité de sa situation économique. La toile constitua pendant des siècles la richesse de cette contrée. Un commerce actif se pratiquait sur tous les marchés, toutes les foires de ces villes. On venait de toute la Bretagne, de France même, acheter à Quintin ou à Uzel la toile de Bretagne, cette bonne toile large, solide, fleurant bon les herbes séchées, orgueil des jeunes épousées qui en contemplaient les lourdes piles dans la grande armoire familiale.

Avec ses deux marchés, ses quatre grandes foires « considérables par la quantité de toiles larges et de fils qui s'y vendent », Quintin était le centre de la région. Une antique seigneurie y a laissé de rares traces de fortifications. La fortune de la ville date principalement du XVIe siècle. Les bons bourgeois enrichis de Quintin se firent alors construire de confortables logis, moins élégants que robustes; et ils n'hésitèrent pas à signer leur œuvre d'une sage réflexion ou d'une devise pieuse.

La basilique Notre-Dame, moderne, contient une vénérable relique, un fragment de la ceinture de la Vierge.

L'activité de Quintin se maintint encore sous l'Empire et la Restauration.

126. AUDIERNE

127

ECKMUHL

127. Le phare
129. L'escalier du phare
128. PENMARC'H
130 à 132. Le port du GUILVINEC

Pages suivantes
TRONOEN

133. Notre-Dame de Tronoën
136. Le calvaire
134. Bigoudens
135. Quimpéroises

129

130

128

131

132

134

135

136

137

137. BÉNODET vu de Sainte-Marine
138. SAINTE-MARINE
139. Ponants sous « spi »

40. L'ODET
41. QUIMPER : rue Kéréon et flèche sud de cathédrale

QUIMPER

142. Les remparts et la cathédrale
143. La rue du Guéodet
144. Cadran solaire

Musée breton

145. Cuillers en buis sculptés

143

144

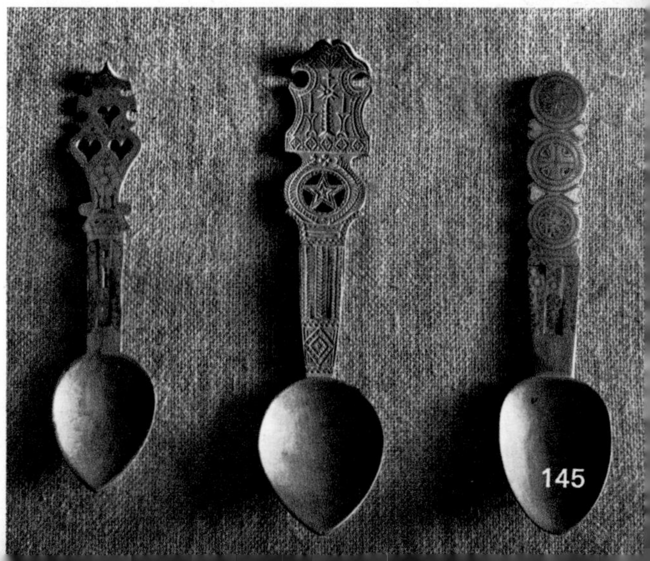

145

146. PONT-CROIX : le porche sud de Notre-Dame de Roscudon
147. Notre-Dame de KERDÉVOT : l'église, le calvaire et la sacristie
148. SIZUN : l'arc de triomphe et l'ossuaire vus du porche sud de l'église

146

147

148

LOCRONAN

149. La place
150. La chapelle du Pénity et la tour de l'église

149

co
op

CC.3794

Une banque s'y fonda même dès 1827 : « pour venir en aide au commerce et à l'industrie locale ». Les fabriques de toile ont disparu et cet abandon a porté un coup funeste à Quintin.

Aux alentours, l'Urne et le Gouët coulent, profondément encaissés. Les champs sont couverts de pommiers, de poiriers, les collines sont parfois couronnées de rochers où poussent seulement bruyères et genêts. En général, le pays est fertile et producteur de bons fruits : les poires de Quessoy n'ont-elles pas acquis une certaine notoriété ?

Près de ce dernier bourg, le camp de Péran a souvent sollicité la sagacité des archéologues. C'est, semble-t-il, si l'on en juge par sa situation, un camp romain muni de solides substructions faites d'un conglomérat cimenté par le feu. Il est possible qu'il soit antérieur à la conquête romaine. A mesure qu'on approche de la côte, l'horizon s'élargit. Les pentes des vallées s'affaiblissent. La Manche apparaît au large de la baie d'Yffiniac et déjà des constructions annoncent le chef-lieu des Côtes-du-Nord.

Dominant l'embouchure du Gouët, à l'entrée du port de Saint-Brieuc, la tour de Cesson monte toujours un perpétuel guet. Elle fut construite à la fin du XIVe siècle par Jean IV de Bretagne pour défendre l'accès de sa bonne ville de Saint-Brieuc. Mais elle succédait à une forteresse antérieure. Elle n'a pourtant pas résisté aux guerres de Religion et Henri IV en la faisant démolir a seulement consacré sa déchéance.

Saint-Brieuc est le type même de ces cités nées autour d'un évêché — monastère vers le VIe siècle — qui ont été longtemps marquées par leur origine, gardant un aspect monacal, peuplées de couvents, d'églises et de chapelles. Pourtant la ville s'est transformée au cours du XIXe et surtout du XXe siècle : places, boulevards, rues agrandies ont créé de larges trouées. La cité s'étend aujourd'hui bien au delà des ravins du Gouët et du Gouédic qui l'enserraient jadis. Elle compte près de 60 000 habitants. De nouvelles industries lui gardent une activité économique qu'amplifie pendant l'été le passage de milliers de touristes car Saint-Brieuc est un des centres du tourisme breton.

Ces touristes ne doivent pas se contenter de faire leurs emplettes dans la célèbre rue Saint-Guillaume. Ils visiteront les édifices, partiront à la recherche de vieux logis.

C'est au VIe siècle que Brioc établit son ermitage près d'une fontaine. Celle-ci existe toujours. Elle est couverte d'un petit monument de style gothique flamboyant. Les évêques devinrent seigneurs de la ville. Ils surent, au cours des siècles, faire respecter leurs droits. L'Histoire a gardé le souvenir de saint Guillaume Pinchon, prélat intrépide et pieux, qui résista aux outrages et aux brutalités des agents du duc de Bretagne Pierre Mauclerc. L'Église a canonisé cet évêque qui fit reconstruire la cathédrale. Les successeurs de Guillaume Pinchon ne furent pas indignes de lui. Au temps des guerres du XIVe siècle, ils fortifièrent l'édifice pour que les fidèles y trouvassent refuge.

151. BEG-MEIL

Olivier de Clisson s'empara de la ville que défendaient les partisans du duc Jean IV. Il n'en resta pas longtemps le maître.

Les états de Bretagne se tinrent souvent à Saint-Brieuc et leur tenue animait pour un moment cette cité paisible. Le commerce y était assez prospère. A la fin de la Révolution, les Chouans surprirent la ville et massacrèrent le maire Poulain-Corbino qui leur résistait. Au XIXe siècle, la ville s'est étendue et le port du Légué, situé dans l'estuaire du Gouët, fut aménagé. Ce port continue à recevoir de nombreux caboteurs.

La cathédrale est d'un aspect sévère. Les deux tours de sa façade, chapeautées d'ardoise, donnent davantage l'impression de donjons que de constructions religieuses. Archères et baies percent à peine ces hautes murailles que couronne un chemin de ronde. Mais l'intérieur, dans sa nudité austère, ne manque pas de grandeur. La chapelle de l'Annonciation, qui date du XVe siècle, est d'un style plus aimable. Une partie du mobilier (l'orgue, en particulier) est de la Renaissance. Un prélat du XVIe siècle a apporté là, comme partout, le goût du temps.

Autour de la cathédrale subsistent quelques logis aux étages en encorbellement, aux poutres naïvement sculptées. Abritées sous leurs coiffes, les paysannes se glissent vers l'église. De la crêperie, une bonne odeur de galette se répand dans la rue. C'est l'atmosphère coutumière de nos villes bretonnes, que les transformations du siècle ne sont pas encore parvenues à détruire.

Au delà de Saint-Brieuc, tout au long de cette baie accueillante, et jusqu'à Paimpol, les plages s'égrènent. Binic, après la pointe escarpée des Roseliers, offre son port aux pêcheurs. Étables et Saint-Quay attirent chaque année des milliers de baigneurs qui restent fidèles à ces stations. Portrieux reçoit quelques caboteurs et possède une flottille de pêche; il tend surtout à devenir un port de plaisance pour les amateurs, de plus en plus nombreux, des joies de la navigation. Toutes ces plages ont été aménagées avec goût au cours des dernières années. Les promenades sont variées qui permettent de découvrir les aspects divers de ce rivage découpé, de ces falaises que rongent de profondes grottes, de ces îles qui surgissent au large.

A l'intérieur du pays, les chapelles perdues près des chemins creux, les calvaires anonymes ne manquent pas. Non loin de Lantic, la chapelle de Notre-Dame de la Cour, construite au XVe siècle, est d'une excellente facture. Le chevet est clos d'un magnifique vitrail contemporain de l'édifice. Œuvre de deux maîtres-verriers trégorrois, Olivier Le Coq et Jean Le Lavenan, il est consacré à la vie de la Vierge. Ses dix-huit tableaux sont tous remplis de personnages aux costumes somptueux et colorés. Cette chapelle avait été dotée par Guillaume de Rosmadec dont le tombeau sculpté est pieusement conservé.

Lantic est aux confins du pays gallot. Revenant vers l'est, on rejoindra Lamballe, une des principales villes du comté de Penthièvre.

La cité de Pol (étymologiquement, Lamballe se traduit en effet par

Lann-Pol) dut son origine, comme Redon, à un monastère dépendant de l'abbaye de Marmoutier. Autour du prieuré de Saint-Martin érigé en paroisse au XIIe siècle s'établirent des maisons de torchis, le long du Gouessan. Puis les habitants occupèrent peu à peu la colline au sommet de laquelle les comtes de Penthièvre construisirent leur château.

L'histoire de Lamballe se confond avec celle de Penthièvre. La ville subit le sort malheureux de Charles de Blois; quand les petits-fils de ce dernier, excités par leur mère, la fameuse Marguerite, s'emparèrent par surprise de Jean V et l'enfermèrent à Champtoceaux, puis à Clisson, ce fut sur Lamballe que les Bretons loyalistes, à l'appel de l'épouse du duc, tournèrent leur colère. Le château fut démoli.

Réédifié en 1555, il passa à Mercœur et fut naturellement, sous la Ligue, une des places fortes du terrible chef catholique. Le prince de Dombes qui commandait les Royaux ne parvint pas à le prendre d'assaut : au cours d'un siège plein de péripéties, le brave La Noue « Bras de Fer », l'ami, le fidèle d'Henri IV, fut mortellement blessé : « Il est bien fâcheux qu'un si petit château ait causé la mort d'un si grand capitaine ! », déclara Henri.

Richelieu condamna la forteresse qui fut rasée de fond en comble. Rien n'en subsiste maintenant, hormis les douves et l'esplanade au dessus de laquelle se dresse, à pic, l'église Notre-Dame, qui fut d'abord la chapelle du château. Née autour d'un prieuré, Lamballe est surtout aujourd'hui une ville d'églises : quelques maisons anciennes, celle du Bourreau en particulier, et trois beaux édifices de styles assez mélangés.

Notre-Dame vaut surtout par sa situation, par son chœur édifié grâce aux libéralités de Charles de Blois. Le reste de l'église appartient aux périodes les plus diverses : portail roman du XIIe siècle d'une très belle sculpture, chapelles du XVe. Quelques détails charmants et le mobilier d'une rare richesse : enfeus, jubé, cloisonnages, orgues, exécutés de bonne façon.

Saint-Martin est le plus vénérable des sanctuaires lamballais. L'ancienne église du prieuré se cache dans un faubourg. Un auvent de bois précède le porche du XVIe siècle, œuvre de Jean Lainé. La nef romane est très bien conservée : piliers cruciformes, arcades à double rouleau la composent.

L'église Saint-Jean, surmontée d'une haute tour octogonale, date du XVe siècle; c'est la moins intéressante des trois.

Autour de ses églises la ville respire le calme, l'atmosphère silencieuse des cités monacales. De petites industries maintiennent une certaine activité et les haras sont réputés.

Au delà de Lamballe, on rejoint rapidement les plages. Hillion, sur la falaise, a une église ancienne, et aussi Saint-Alban où l'on admire surtout la jolie chapelle gothique de Saint-Jacques-le-Majeur. La campagne est peu accidentée. De grands espaces s'abaissent graduellement vers la mer. Le port de Dahouët, bien abrité dans une anse fermée, reçoit quelques caboteurs qui transportent à l'étranger les légumes bretons. Il s'y trouve une école de voile.

Le Val-André est une des plages les plus réputées de la côte. Plage relativement récente. A la fin du XIXe siècle, ce n'était qu'un hameau fréquenté par quelques familles des environs. Puis l'essor est brusquement venu. Les villas se sont construites tout le long de la baie au sable fin et doré; les artistes découvrirent les sites voisins : la pointe de Pléneuf, Château-Tanguy et ses rochers amoncelés, l'île du Verdelet et tous ces sentiers de douaniers, chemins creux entre les haies desquels on aperçoit tantôt une échappée de mer, tantôt la campagne dont le tapis vert et brun se déroule au loin.

Pléneuf a été un peu délaissé au profit du Val-André. Bâti sur la hauteur, il domine toute la côte. Mais on redescend la colline pour atteindre une autre station, Erquy, petit port de cabotage et de plaisance entouré de falaises. C'est un bon centre d'excursions : on peut visiter aux alentours maints châteaux — quelques-uns du XVe ou du XVIe siècle —, des grottes, et toute cette côte d'aspect si varié.

Il n'y a pas fort longtemps, Erquy était la dernière plage avant le cap Fréhel. Depuis, des hommes entreprenants ont créé une nouvelle station. La grève du Minieu, près de l'estuaire de l'Ilet à côté de Plurien, offrait une immense étendue de sable jaune. On la débaptisa, et ce fut Sables-d'Or-les-Pins. Les touristes vinrent car, au milieu des pins, le site ne manque pas de charme.

De Sables-d'Or, on accomplit l'excursion classique au fort Lalatte et au cap Fréhel.

Les sires de Matignon qui, au Xe siècle, fixèrent leur repaire sur la roche avancée qu'ils appelèrent de leur nom : Roche-Goyon, pouvaient se vanter de tenir un inexpugnable château fort. Sur son promontoire escarpé, détaché de la terre ferme, c'était une vigie surveillant les côtes et on comprend que Louis XIV ait été séduit plus tard par cette admirable position. Il fit reconstruire la citadelle, la dota de remparts plus modernes et substitua au vieux nom féodal un peu rébarbatif celui de « Fort Lalatte ».

Après le Trou de l'Enfer, faille étroite dans laquelle la mer se précipite en hurlant, on atteint le cap Fréhel. C'est un des sites les plus âpres, les plus magnifiquement sauvages de l'Armorique. Il soutient la comparaison avec la pointe du Raz. Cette bande rocheuse s'avance profondément dans les flots. Elle est hérissée de rochers élevés, trouée de crevasses. La pierre semble striée, hachée par l'eau. Des courants violents s'entrecroisent en lançant des rafales sur la roche. Les récifs prennent des formes fantastiques, hallucinantes; aucune description ne peut rendre la puissance de ce spectacle.

Quel contraste inattendu quand, après avoir traversé les landes arides qui entourent le cap, on arrive à Saint-Cast ! Cette station balnéaire est devenue une des plages les plus fréquentées de Bretagne.

Le bourg de Saint-Cast est célèbre par la bataille qu'y perdirent les Anglais pendant la guerre de Sept Ans. Avec une belle audace, un corps expéditionnaire d'outre-Manche, composé de l'élite de la Garde royale, avait débarqué près de Saint-Brieuc en septembre 1758. C'était compter sans l'ardeur des Bretons. Aidé de quelques troupes stationnées dans la région et des milices côtières, le duc d'Aiguillon fonça sur l'ennemi. Celui-ci n'eut pas même le temps de rallier les navires. Les Bretons dégringolant des hauteurs de Saint-Cast décimèrent l'assaillant et, en quelques heures, réduisirent à néant les beaux projets des Anglais. D'un moulin, le duc lui-même avait assisté à toutes les péripéties du combat. Le procureur général La Chalotais, qui n'aimait guère d'Aiguillon, prononça un mot féroce à cette occasion : « Le duc, disaient les courtisans, le duc s'est couvert de gloire ! — Il s'est surtout couvert de farine ! », riposta le procureur général.

Du sémaphore de Saint-Cast, tout le rivage se découpe admirablement. A droite, les plages dinardaises, Saint-Jacut, Lancieux étendent leurs grèves blondes et le regard se porte jusqu'à Saint-Malo. Le cap Fréhel, de l'autre côté, allonge sa pointe usée par les vagues; de multiples îlots jalonnent la côte; plus large, l'île des Ehbiens, masse grisâtre en face de la baie de l'Arguenon, marque la séparation de l'Ille-et-Vilaine et des Côtes-du-Nord.

Les bords de l'Arguenon sont particulièrement séduisants et il faut croire que cette séduction s'exerça dès le Moyen Age car de nombreux châteaux furent édifiés dans cette vallée : La Gallinée, ainsi nommée parce que les paysans qui dépendaient de cette terre étaient tenus d'offrir à leur seigneur une poule (géline) à l'issue de la messe de minuit; Montafilant aux sires de Dinan, et bien d'autres.

Et surtout Le Guildo ! et les ruines romantiques de son château. Le Guildo qui rappelle la tragique histoire du malheureux Gilles de Bretagne. Pour avoir conspiré avec les Anglais, ce frère du duc François II fut assassiné par des sbires à la solde de celui-ci. Gilles avait fait restaurer ce château du Guildo et il y passa les heures les plus joyeuses de son existence avec ses amis d'Angleterre qui pouvaient débarquer dans l'anse voisine. En ce logis aux tours maintenant délabrées, Gilles s'amusa sans crainte jusqu'au jour où, triste épilogue, des hommes d'armes vinrent arrêter le trop insouciant propriétaire et le conduisirent en prison.

En flânant à travers ce pays où les bois succèdent aux champs bien plantés, où les routes elles-mêmes paraissent vagabonder dans la campagne, on rentre à l'intérieur des terres. Matignon est le chef-lieu où, de toute la côte, on vient s'approvisionner. Peu à peu, les landes remplacent les cultures. On pénètre dans l'épaisse forêt de La Hunaudaie : chevreuils et sangliers y courent dans les taillis sauvages.

A l'extrémité méridionale de cette forêt, le château, masse énorme dont les remparts couvrent près d'un hectare, fut rebâti par un des membres de la famille Tournemine à la fin du XIVe siècle. Bien assis, entouré d'étangs, de ruisseaux qui sourdent dans la forêt, La Hunaudaie forme un pentagone irrégulier; des tours, que l'on restaure, flanquent chaque pan; les ronces, le lierre prennent d'assaut les murs croulants et là où échouèrent Mercœur et ses troupes — car le château était du parti d'Henri IV — la nature triomphe aujourd'hui.

A quelque distance, voici le château de La Guyomarais où mourut Armand Tuffin, marquis de La Rouërie, dont la célèbre conspiration préfigura les futures luttes de la Chouannerie.

Au delà de La Hunaudaie, vers Dinan, le pays est fertile. De simples villages, Landébia, Noyal sont dotés qui d'une église ancienne, qui d'un vieux calvaire.

Siège d'une puissante châtellenie du comté de Penthièvre, le château de Jugon passait pour imprenable. Le dicton souvent répété affirmait :

Qui a Bretagne sans Jugon
A chape sans chaperon.

Les archéologues ne manqueront pas de pousser jusqu'à Corseul : c'est l'antique *Fanum Martis*, la cité des Curiosolites. L'abondance des objets gallo-romains trouvés sur ce territoire, les substructions mises au jour, l'importance des voies gallo-romaines qui y aboutissent ont amplement établi que Corseul était plus qu'un champ de stationnement des troupes, une ville riche et peuplée. Vous en trouverez des vestiges au Jardin des Antiques.

DE PLOËRMEL AU VANNETAIS

La région de Ploërmel qui s'étend — approximativement — des monts du Méné (au nord) aux landes de Lanvaux (au sud), de la forêt de Quénécan (à l'ouest) à la forêt de Paimpont (à l'est) est un pays de transition vers la Basse-Bretagne. On l'a longtemps jugé terre ingrate parce que la lande y était abondante, semée seulement de touffes d'ajoncs, dominée par quelques bois de pins qui paraissent se serrer frileusement les uns contre les autres. La lande a reculé et disparaît peu à peu, remplacée par la culture. Les petites villes cherchent à conquérir quelques industries. Ce cœur de la Bretagne, injustement délaissé, s'anime courageusement.

En outre, la construction d'une autoroute médiane qui reliera Rennes à Brest en desservant Loudéac, Pontivy, Carhaix, permettra des communications plus rapides de l'ouest à l'est et contribuera à donner une activité nouvelle à toute cette contrée.

De la forêt de Paimpont, on sort par Concoret ou par Tréhorenteuc, petit village aux maisons de bois près duquel s'amoncellent des mégalithes. A Néant, on atteint la vallée de l'Yvel qu'il fait bon suivre.

L'Yvel descend sans hâte vers l'étang au Duc. Sa vallée, peu profonde, est parfois bordée de croupes rocheuses aux côtes dénudées. Mais le plus souvent, landes et pinèdes l'entourent. Des rideaux de peupliers longent le cours d'eau. Les prés sont clos de haies d'où émergent des chênes aux troncs drapés de lierre. L'étang au Duc est, au voisinage de Ploërmel, une nappe d'eau longue de près de quatre kilomètres, large de huit cents mètres. De beaux arbres ceignent ses rives.

Ploërmel est une ville qui s'est grandement transformée depuis vingt ans. Une zone industrielle récemment aménagée a permis l'établissement de plusieurs usines qui tirent leurs matières premières des ressources de la contrée, le bois ou l'agriculture. Cette cité est riche d'histoire. Et cette richesse surprend un peu. On peut se demander pourquoi les ducs de Bretagne découvraient tant de charme à ce séjour.

C'est que, depuis l'époque où le bon ermite Armel, fondateur de la ville, défrichait les abords de son ermitage, terrassait les dragons qui se promenaient en liberté dans la forêt voisine et faisait jaillir du sol de miraculeuses fontaines, le caractère de Ploërmel s'était assez peu modifié : elle restait perdue au milieu des bois, toute proche de Brocéliande la giboyeuse, et sans doute les ducs, grands chasseurs, prenaient-ils plaisir à venir courir non plus les dragons, ni même les loups, mais le cerf et le sanglier dans les fourrés de la forêt.

Dans une petite rue de l'ancienne ville close, voici donc cette maison où traditionnellement habitèrent jusqu'au XVe siècle les ducs de Bretagne. Ah ! ce n'est pas un logis luxueux, pas même un manoir. C'est la bonne demeure campagnarde où l'on devine les larges cheminées, les solives robustes sous lesquelles on aimait à se réfugier près d'une table bien garnie après une rude journée de chasse.

Sa voisine, le logis des Marmousets, offre au regard d'originales cariatides. Les rues détruites ont été reconstruites avec goût. Si les vieilles halles ont disparu, certaines maisons, comme celle des Quatre Soldats, ont été dégagées. On a mis en valeur les vestiges des remparts.

A la faveur des princes bretons, Ploërmel dut sa magnifique église. Commencé en 1511, l'édifice se rattache encore dans son ensemble au gothique flamboyant. Et cependant, dans le grand portail nord (1533)[1], la Renaissance s'annonce. Ne lui appartiennent-ils pas, ces motifs de sculptures assez rabelaisiens qui ornent un des contreforts voisins de ce porche ? Les ducs Jean II et Jean III avaient voulu être enterrés dans le couvent des Carmes que le premier avait fondé. Mais leur mausolée fut transporté après la Révolution à l'intérieur de l'église : c'est le monument classique de marbre noir, avec des gisants de marbre blanc, en tenue de guerriers. Hélas ! les splendides verrières qui fermaient les baies ont presque toutes été pulvérisées.

Le couvent des Carmes, plusieurs fois détruit et relevé, date principalement du début du XVIIe siècle. Les états de Bretagne s'y réunirent à diverses reprises. Être enterré dans la chapelle du monastère (où reposaient deux ducs de Bretagne) constituait un honneur recherché. Mais les tombeaux ne sont plus là. Celui du sire de Montauban, chancelier d'Anne de Bretagne, et de sa vertueuse épouse, Anne du Chastelier, a été transféré dans l'église. En dépit de sa noblesse, Anne est représentée avec une coiffe qui lui enserre les cheveux. N'était-ce pas l'ajustement ordinaire de toutes les femmes ?

C'est encore le passé de la Bretagne qu'on découvre à deux lieues de Ploërmel sur la route de Josselin. Au détour du chemin, sur une large esplanade verdoyante s'élève, haute de treize mètres, la pyramide commémorative du combat des Trente (26 mars 1351). Pendant la guerre de Succession de Bretagne, une trêve avait été signée entre les deux partis : Montfort et Blois. Le pacte laissait les villes à ceux qui les occupaient au moment de la signature. Ploërmel était alors tenue par un gouverneur anglais, Bemborough, le « Bembro » de la chronique, tandis que Josselin était gardée par un seigneur breton, Beaumanoir. Les Anglais durant la trêve se conduisirent comme en pays conquis : pillages, exactions... Beaumanoir résolut de châtier les coupables. Il proposa à Bemborough une joute où trente des siens rencontreraient trente Bretons. On sait la suite et comment, après un combat acharné, Jean de Beaumanoir remporta la victoire malgré de cruelles blessures. « Bembro » fut tué. Quelques rares Anglais survivants furent faits prisonniers.

1. Cf. Waquet, *L'Art breton*, éd. Arthaud.

152. La pointe de PEN-HIR

154

155

153. Grotte de MORGAT

LANDÉVENNEC

154. La nouvelle abbaye
155. Les ruines de l'ancienne abbatiale

156

LA MARTYRE

156. Détail du portail occidental de l'église
157. Vierge du porche sud de l'église

158. DAOULAS : cloître de l'ancienne abbaye

157

159

160

160. GOUESNOU : la fontaine
161. LA ROCHE-MAURICE : vue générale

159. LANDERNEAU : l'Elorn et le quai de Cornouailles

Il est bon d'aborder Josselin par la vallée de l'Oust canalisé. Le château surgit, formidable de rudesse, de solidité sur son roc abrupt. Les trois tours se dressent au dessus de la rivière : c'est bien la forteresse féodale, avec ses baies étroites et son chemin de ronde qu'égaient seulement quelques lucarnes enjolivées. Pourtant, le château des Rohan fut entièrement reconstruit après les guerres de Succession, au cours du XVe siècle, et seules les bases des tours remontent à l'édifice primitif. Mais la citadelle entre dans l'Histoire dès le haut Moyen Age. Elle occupait les routes qui unissaient le nord au sud de la Bretagne. La valeur de Josselin augmenta quand Olivier de Clisson en fit l'acquisition en 1370. Le connétable, possesseur de cette seigneurie située au cœur même du duché, se sentit alors de taille à braver le duc lui-même. Ses démêlés avec Jean IV ne tournèrent pas toujours à son avantage.

Olivier de Clisson mourut à Josselin en 1407. Il voulut être inhumé en cette collégiale de Notre-Dame du Roncier qu'il avait enrichie et tint à faire exécuter une belle tombe où il reposerait auprès de sa femme Marguerite de Rohan, « avec leurs figures en images représentées ». Suivant leur désir, les deux époux dorment côte à côte. Il a gardé sur lui son armure de connétable; à ses pieds un lion est couché, emblème de vaillance; aux pieds de Marguerite veille un chien, symbole de fidélité.

Jean II de Rohan, héritier d'Olivier, restaura le château. La fière maison n'a jamais cessé depuis le XVe siècle de posséder Josselin. Les tours édifiées au temps du connétable, le donjon même, manquaient un peu trop de confort. Toute l'opulence de l'une des plus antiques familles de France éclata alors dans cette façade intérieure due à Jean II. On avait pris pour exemple le château de Nantes. Le modèle fut vite dépassé. Et, avec une incomparable magnificence, le sculpteur ouvra le granit aussi aisément que le plus friable tuffeau. C'est un enchevêtrement de pinacles à crochets, de fleurons, d'arabesques d'une grâce, d'une finesse exquises.

La petite ville serre ses maisons autour du château, sur la colline et au bord de l'Oust, maisons rustiques et plaisantes. De toutes les églises que possédait Josselin, seule subsiste en son intégrité Notre-Dame du Roncier, née de cette jolie légende de la ronce au pied de laquelle un pauvre laboureur découvrit une statue de la Vierge. Elle appartient au gothique breton qui a dispensé dans le porche toute sa richesse décorative. A l'intérieur, outre le tombeau du connétable et plusieurs vitraux, on admirera une grille en fer forgé, œuvre d'un ferronnier de Josselin.

Dans les faubourgs, l'ancienne église du prieuré de Saint-Martin ne conserve que de rares vestiges d'origine. De l'autre côté de l'Oust, l'église Sainte-Croix remonte au XIe siècle. Du cimetière, avec son naïf calvaire, on découvre un exquis paysage sur Josselin.

De Josselin à Malestroit, les rives de l'Oust sont bordées de peupliers. Le canal coule lentement entre des collines aux inclinaisons assez faibles.

Pays de bois et de landes, de fourrés aussi, et de haies propices aux embuscades. C'est par là qu'en juin 1944, les patriotes bretons encadrés

162. L'île d'Ouessant, vers la pointe de Pern

de parachutistes français venus d'Angleterre se groupèrent sur la lande de Saint-Marcel, au sud-ouest de Malestroit. A la suite d'un âpre combat, les Français durent abandonner Saint-Marcel qui fut complètement incendié par les Allemands. Les parachutistes se dispersèrent et vendirent chèrement leur vie au cours de luttes ardentes autour de Josselin et de Pontivy. Que de fermes bretonnes incendiées pour avoir abrité ou secouru des blessés ! Intrépides, dignes de leurs ancêtres, les paysans les transportaient cachés sous le foin dans les hôpitaux de Vannes ou de Malestroit où médecins et religieuses soignèrent avec un égal dévouement les blessés français et allemands. Mais toute une division dirigée vers le front de Normandie avait été arrêtée et décimée.

Malestroit, important bourg du Morbihan eut l'honneur d'avoir rang parmi les neuf grandes baronnies de Bretagne. Et cette bourgade qui comptait deux mille âmes au moment de la Révolution avait — en vertu de ce titre — droit de députer aux états, possédait un subdélégué, une Communauté de ville et deux paroisses.

Ses murailles retinrent par trois fois, pendant les guerres de Religion, Mercœur et ses Ligueurs déchaînés. Sièges rapides : comment de si faibles murailles eussent-elles pu longtemps résister ? Mercœur se vengea en détruisant les remparts qu'avec une obstination digne d'un meilleur sort les habitants s'empressèrent de relever après son passage. Les barons de Malestroit comptèrent toujours parmi les plus fidèles soutiens des ducs de Bretagne. L'un d'eux reçut même la charge de chancelier. Leurs armes étaient *de gueules à neuf besants d'or* et le nombre inusité de ces besants, représentatifs, en langage héraldique, de monnaie dûment nombrée, leur avait fait adopter pour devise cette phrase : *Quæ numerat nummos, non male stricta domus* (la maison qui compte ses besants, n'est pas mal à l'étroit), calembour facile sur le nom de leur baronnie.

Les rues étroites — comme le nom de la ville — aboutissent à la place du Bouffay où des maisons du XVIe siècle ont été ornées de ces sculptures gaillardes qui plaisaient tant à nos ancêtres : une truite y file, un lapin y mène grand train et le bonhomme Malestroit tire les cheveux de son épouse et lui caresse l'échine de son bâton.

L'église Saint-Gilles est du XVe. Le porche latéral a reçu d'assez fines sculptures que le temps n'a malheureusement pas respectées. On y voit les symboles évangéliques, mais les gens de Malestroit, négligeant l'ange, le lion et l'aigle, ont adopté le bœuf et brodé autour de son épaisse silhouette toute une légende où saint Hervé intervient pour sortir de l'ornière le char embourbé d'un cultivateur qui l'avait invoqué.

De l'église de la Madeleine, ancien prieuré de Saint-Gildas-de-Rhuis, ne subsistent que les murs extérieurs et la façade en ruine. La vallée de l'Oust à Malestroit devient plus tourmentée. La rivière coule entre des coteaux couverts de forêts touffues; on approche des landes de Lanvaux en se dirigeant vers Rochefort-en-Terre.

Laissant le canal s'en aller vers Redon, il faut gagner ce vieux bourg, un des plus caractéristiques de toute la Bretagne.

A cause de son site, d'abord : entre les gorges resserrées des deux vallées de l'Arz et du Creuzon, les maisons du village se glissent le long d'un roc escarpé. La route, pour y accéder, monte en lacets avec des virages aigus qui rappellent les pays montagneux. Les bois, les landes violettes, les hauts rochers bruns et rouges pressent Rochefort de tout côté. On comprend que cette position ait, de bonne heure, séduit par son isolement. Au sommet de la colline, commandant le bourg et la seule route qui y aboutissait alors, un château fut bâti, véritable nid d'aigle défiant les assaillants. Possédé par les seigneurs de Rochefort, il passa ensuite aux Rieux.

Moins heureux qu'à Malestroit, les Ligueurs ne purent venir à bout de Rochefort. Ils abîmèrent sérieusement les murailles sans pouvoir s'emparer de la ville, car elle était fortifiée : le rocher ne suffisait pas pour défendre la cité, ni l'étang au bas de la colline; de bons murs protégeaient les maisons. La porte Cadre ouvre toujours sur la campagne. Quant aux tours, elles ont disparu sous la végétation. Le château a été de nos jours restauré avec goût dans le style de la Renaissance; un pavillon ancien demeure, ainsi que la vieille porte couronnée de lierre et le puits tout moussu lui aussi. L'église Notre-Dame de la Tronchaye est quelque peu en contrebas. Elle dut beaucoup au maréchal de Rieux qui l'érigea en collégiale. Sa façade méridionale est flanquée de chapelles latérales dont les toits en bâtière longent la nef. Le porche est précédé d'un beau calvaire à personnages. A l'intérieur, un jubé est bordé d'un parapet décoré d'arcades; des stalles en chêne et un retable complètent cet ensemble où tout ce que l'art breton a produit de plus original est ainsi réuni.

Le vieux bourg compte encore quelques maisons du XVe siècle ou de la Renaissance, aux portes enjolivées, aux baies garnies de meneaux. Des fleurs égaient ces logis. Cependant, de vieilles coutumes s'en sont allées, comme cette pittoresque foire aux cheveux que la guerre (et des habitudes nouvelles) ont tuée.

Rochefort-en-Terre constitue le point extrême de la Bretagne morbihannaise. Vers Malansac ou Allaire, la route devient déjà plus riante. Les cultures sont plus riches, la terre plus grasse.

Jusqu'à Elven, la route n'est pas longue. Le château de Largoat, dans cette commune, appartint naturellement aux deux familles les plus puissantes de la région : les Malestroit et les Rieux. Le fameux maréchal y garda prisonnier pendant deux ans Henry Tudor, réfugié de Bretagne après la bataille de Tewksbury. Il restaura le château grâce à la générosité d'Anne de Bretagne. Quelques familles nobles se retirèrent à Largoat pendant les troubles de la Ligue. Fouquet qui s'en rendit acquéreur en 1656 ne put y habiter tant était grand déjà le délabrement des tours. Celles-ci datent du XIVe et du XVe siècle. Le donjon fut construit par Jean II de Malestroit avant 1350. M. Roger Grand le rapproche judicieusement de la tour octogonale d'Oudon, bâtie à la même époque et par la même famille. La tour nord-ouest est du XVe siècle. La tour d'entrée est due au maréchal de Rieux. Tel est Largoat qui, avec Rochefort, Josselin, Ploërmel ou Malestroit, défendait l'accès de la contrée.

La grande route de Vannes à Rennes longe une partie de ces landes de Lanvaux. Deux vallées seulement se fraient un lit à travers le plateau : celle de l'Arz, après Meucon, et celle de la Claie, avant Saint-Jean-Brévelay. La route grimpe rudement pour atteindre ce gros bourg, puis elle se maintient sur la crête pendant plusieurs kilomètres.

Guéhenno, au passage, semble l'un de ces villages du Morbihan, composés de modestes maisons que le chaume longtemps protégea des intempéries. Nul ne soupçonnerait qu'au cimetière un admirable calvaire groupe autour de la croix ses traditionnels personnages. C'est le plus oriental des grands calvaires bretons, et c'est aussi le plus ancien des calvaires datés. Le sculpteur qui l'exécuta signa son œuvre : *F. Guillouic*, 1550. Toutes les scènes ordinaires de la Passion ne sont pas représentées. On trouve seulement le Portement de la croix, une *Pietà* et les quatre grands prophètes. En avant du piédestal qui supporte les personnages, un coq rappelle le reniement de Pierre. Mais « l'agencement parfait de cet ensemble rachète la pauvreté relative de la statuaire » (WAQUET).

Non loin du bourg de Rohan, berceau de l'illustre famille, Jean de Rohan fit venir en son château du Gué-de-l'Isle, en 1484, deux imprimeurs qui composèrent pour ce gentilhomme des impressions qui sont parmi les plus anciennes de Bretagne. Une dizaine d'incunables sortirent ainsi des presses de Robin Fouquet et de Jean Crès.

Au-delà, Loudéac était un des principaux centres de production de la toile. Jadis chef-lieu d'arrondissement, placé au carrefour de plusieurs routes, il comptait près de douze mille habitants. Il en reste encore plus de huit mille car, malgré la disparition des métiers, la ville que desservira l'autoroute du centre de la Bretagne garde une certaine activité.

Ainsi s'achève ce vagabondage à travers les landes et les forêts. Loudéac est aux portes de Saint-Brieuc; au-delà, on pénètre dans le pays qui parle le breton. Mais s'il est d'usage de séparer en deux parties la description de la Bretagne, cette division n'ôte rien à l'unité de l'Armorique, cette unité qui se retrouve dans la beauté de ses paysages, la grandeur âpre de ses côtes, le caractère même de ses habitants.

PORTS DE PÊCHE CORNOUAILLAIS

Que ce soit à Camaret, à Douarnenez, à Audierne, à l'Ile-Tudy ou à Concarneau, dans l'un ou l'autre de ces cinq ports, des femmes, de plus en plus rares, il est vrai, portent une coiffe qui, avec des variantes, a l'air d'être d'uniforme. Cette batiste ou ce filet brodé qui couvre les cheveux à demi, relevé en coin de coquille des deux côtés du chignon et cerclé d'un simple ruban de percale ou de satin, ce n'est pas une coiffe des champs, mais de ville, une coiffe d'*artisane*, une coiffe d'ouvrière d'usine, de sardinière : cela du moins au temps où ces ports étaient principalement sardiniers.

Les cinq ports ne sont plus tous sardiniers. Concarneau continue à se dire « la ville des filets bleus » — désignation qui a sa fadeur d'origine. La fête des *Filets Bleus* date d'une époque où les filets à sardines, qu'on avait tannés pendant des siècles avant de les bleuir pour mieux pêcher, croyait-on, commençaient déjà à se raréfier. Des toiles nombreuses et des photographies jaunies gardent le souvenir de la pittoresque et glorieuse flottille concarnoise d'il y a soixante ou quatre-vingts ans. C'est un fait, que la vogue artistique de Concarneau a coïncidé avec l'apogée de l'industrie sardinière. Des légions de peintres, venus là sous le Second Empire et la IIIe République, ont exulté à la vue de ce port rutilant, de sa magnificence orientale, byzantine, vénitienne, du grouillement des chaloupes aux voiles brunes ou roses, des longs mâts auxquels se suspendaient, selon le rite immémorial du séchage, des guirlandes de liège et de souples tulles. Ajoutez le pittoresque des costumes, soit de paysannes, soit d'artisanes, et ces beaux arrière-plans : les remparts de la Ville-Close, le vieux Fort-l'Amour, remplacé depuis par les villas de Coat-Pin, les vieilles maisons du Passage, les pins du Porzou, les promontoires du Cabellou et de Beg-Meil, pareils à deux bras ouverts sur une baie des miracles. Ils appréciaient l'onctueuse luminosité de cette baie aux heures de calme blanc, le reflet des barques dans ce miroir lustré d'un peu de putrescence urbaine. La digue de Concarneau, avec son musoir en demi-lune, où se sont accoudées des générations de touristes et d'autochtones, a été l'un des lieux sacrés du littoral breton. Elle protégeait alors le bassin principal des pêcheurs, actuellement affecté aux yachts et aux voiliers des plaisanciers.

Ce bassin communiquait avec un autre plus petit, attribué également aux bateaux de pêche. On l'a comblé, ce qui permet d'avoir un quai plus large donc moins dangereux.

En 1880, quand la France avait, en fait, le monopole de l'industrie sardinière, les chaloupes affectées à cette pêche se comptaient à Concarneau par centaines.

Une activité diminue, d'autres se développent. Concarneau qui était depuis vingt-cinq à trente ans le principal port de vente des thoniers, devint avant la guerre de 1914 leur troisième port d'armement d'une importance équivalente à celle d'Étel et de Groix. Près de deux cents dundees à lui seul ! Mais déjà le moteur tendait là, comme partout, à remplacer les voiles.

Après la dernière guerre, le port de pêche a changé de place : il est passé d'un côté de la ville close à l'autre. Il y avait là, sur un fond très inégal, une grande nappe d'eau où le Moros se jette sous un pont routier. A côté est la statue d'un Duquesne, neveu du grand amiral, qui semble indiquer la route de Trégunc aux passants. Le plus jeune des deux quais accueillait les bateaux de pêche : une flottille de forts chalutiers de bois à propulsion mécanique, remplacés récemment pour la plupart par des chalutiers de fer, en plus des thoniers. Ils furent rejoints, pendant la guerre, par des chalutiers de Boulogne et de Lorient dont l'exemple contribua à orienter vers le chalut beaucoup de pêcheurs concarnois ou prétendus tels (car ils sont pour la plupart de la campagne voisine). Des négociants du Nord et du Pas-de-Calais contribuèrent puissamment à perfectionner ce port, à en faire un modèle de modernisme.

Actuellement Concarneau est le premier port thonier de France et le deuxième port de pêche français après Boulogne. Car, à côté du thon, les marins concarnois pêchent aussi les poissons fins, turbots ou soles. Il faut voir à minuit, sous la lumière crue du néon, le débarquement du poisson et la criée, après le triage. C'est un spectacle saisissant. Concarneau vit de la pêche, mais possède des chantiers de construction navale et quelques industries.

La côte orientée vers le sud est jalonnée par le laboratoire de pisciculture qui dépend du Collège de France, suivi d'une place qui porte une petite chapelle et un petit phare, puis d'une série de villas, qui aboutissent aux Sables-Blancs. Un vieux chemin, récemment rendu carrossable, laisse à sa gauche deux anses profondes et feuillues, et puis mène jusqu'à Fouesnant où l'on peut à son gré choisir la route de Bénodet ou celle de Quimper.

D'ailleurs, Concarneau en s'augmentant de Beuzec-Conq et de Lanriec a pu, certes, bâtir beaucoup et bien, et cela lui a valu aussi un bon surcroît de verdure, y compris celle du Cabellou. Il n'en reste pas moins, dans sa muraille intacte, avec son entrée pittoresque et toute sa ville close, un souvenir vivant des siècles disparus.

Douarnenez, sur la rive droite de Porz-Rhu, Tréboul, à gauche, sont au bout d'un couloir liquide où traînent des ombres de futaies. A quelques brasses, se trouve l'Ile Tristan qui fut le repaire d'un bandit contemporain d'Henri IV : La Fontenelle. Elle est aujourd'hui propriété de la famille Richepin.

De ces deux ports, berceaux jumelés d'une forte race de « seigneurs de la mer », l'un dévale vers le frais vallon qui s'ouvre sur l'anse des Sables-Blancs, l'autre s'appuie à la hêtraie des Plomarc'h et à la pinède qui surplombe la plage du Ry.

Au XVIIIe siècle, c'est Ploaré qui était la paroisse de Douarnenez, comme

Beuzec-Conq était celle de Concarneau. Le cimetière de Douarnenez est au bas de Ploaré, près de l'ancienne église dont la haute flèche ajourée domine toute la côte. C'est là qu'après avoir bien bourlingué, les marins qui meurent chez eux trouvent le repos final, accueillis à l'entrée par la pieuse payse dont le ciseau d'Armel-Beaufils a fixé le profil et le signe de croix; c'est là aussi que sous une simple dalle, repose Laënnec, le plus génial des médecins français.

A Douarnenez, ce n'est plus, ce l'était hier encore sur la digue de Rosmeur, l'affairement autour des paniers et des caisses chargés de sardines qui furent pour cent lieues de côte un principe de vie. Là aussi le port a été transformé : digue nouvelle, longue criée, adoption finale de la bolinche et du chalut qui tendent à remplacer le palangre. Mais les Douarnenistes n'en sont pas à une pêche près. Tous les engins leur sont familiers, et nulle aventure de mer ne leur fait peur. De Boulogne à Saint-Jean-de-Luz, on a toujours une chance d'en rencontrer. Leurs bateaux les mènent, chaque printemps, en vue des côtes irlandaises où abondent les gros maquereaux, chaque été, à plus de deux cents lieues au large, ils pêchent le germon, la langouste rose devant les eaux du Maroc et la verte devant celles de la Mauritanie; et ce sont leurs dundees-viviers de cent tonneaux qu'on voit de temps à autre amarrés ou mouillés à l'entrée de Porz-Rhu, les *mauritaniens*, comme on les appelle. Ces mauritaniens ont encore pris du volume et du poids; les autres bateaux aussi. Il leur fallait un port plus profond, plus spacieux, plus sûr, où puissent venir quelques transporteurs. Les travaux d'agrandissement sont terminés et Douarnenez dispose, depuis 1955, d'un nouveau bassin en eau profonde. Divers travaux importants d'aménagement se sont poursuivis jusqu'à ce jour.

Douarnenez, qui compte plus de vingt mille habitants, population de marins et de sardinières qui travaillent dans les fabriques de conserve de sardine, de thon ou de langouste, admirablement évoquée par Henri Queffélec, population active, animée, qu'il faut contempler sur le port quand rentrent les bateaux.

L'Ile-Tudy, qui eut jusqu'à quatre-vingts canots sardiniers, n'en a plus guère. Que ce petit port était pur, au début du siècle ! Ses maisons de marins, toutes simples et si avenantes avec leurs jardinets fleuris de reines-marguerites et de dahlias, s'effacent d'année en année devant les constructions modernes. Mais il garde des vues admirables, soit sur la baie de Bénodet et le bocage touffu de Combrit, soit sur la petite mer intérieure que le jusant réduit à de sinueux cours d'eau entre des bancs de vase herbeuse. Quatre ou cinq figuiers, autant de mimosas insinuent l'odeur du Midi dans ce port breton. Et il y a des soirs où la cloche de Loctudy, en face, répand sur cette eau caressée de lumière, dans un cercle de verdures à contre-jour, une évangélique douceur.

A l'autre bout de la côte cornouaillaise, Camaret nous donne l'exemple d'un port qui s'est renouvelé pour vivre. Laissant aux vieux les filets à sardines et la pêche côtière, ses marins se sont faits langoustiers. Leurs sloops à moteur, montés par six hommes d'équipage, mouillent des casiers du côté des Sorlingues et de la côte d'Irlande. Leurs dundees fréquentent les eaux portugaises. Aussi bien, Camaret se trouve au vestibule d'un grand port militaire, et sa Tour Dorée que Vauban fit construire au bout du Sillon, sa chapelle de Notre-Dame de Rocamadour, dont un boulet huguenot émoussa la flèche, en face de Trez-Rouz, où les paysans gardes-côtes firent un massacre d'Anglo-Hollandais en juin 1694, sont d'authentiques souvenirs de guerre.

Audierne a suivi une destinée analogue. Port naguère sardinier, et qui l'est resté plus que Camaret, il est devenu surtout langoustier. Bâti au fond d'un estuaire, calme abri dans une côte redoutable, il accueillait jadis des caboteurs, des corsaires même. De cette activité, jointe à celle de la pêche côtière, demeurent comme témoins la vieille église et quelques maisons de noble appareil en des ruelles pleines d'ombre. Mais c'est la lumière d'Audierne qui en est le charme. L'aimable port, vraiment délicieux à regarder, soit du pont jeté sur le Goayen, soit du quai voisin auquel s'amarrent, beaupré relevé, flanc à flanc, les sloops au repos, entre deux tournées à la chaussée de Sein ou de Belle-Ile !

On ne peut non plus séparer d'Audierne le port de Sein : malgré douze milles d'intervalle et le fossé du Raz, ils sont, sauf empêchement — qui peut, il est vrai, durer deux ou trois semaines — en relations suivies. Même pêche, même armement, mêmes chantiers, même flottille immatriculée au même bureau, explorant les mêmes parages : tantôt le labyrinthe de récifs et de chenaux qui s'étend, par delà Ar-Men et sa colonne solitaire, jusqu'à la Basse-Froide, tantôt ceux de Penmarc'h, des Glénan et de Rochebonne la saintongeoise. *Enez-Sizun* (l'île du détroit peut-être et non l'île des Saints), *Seun*, par une contraction d'usage dans le dialecte de Cornouaille, doit à deux mégalithes et à un texte latin de Pomponius Méla d'être un des lieux qui ont le plus exercé en Bretagne et hors de Bretagne une imagination livresque. Mais que lui demander de mieux que la réalité visible et tangible ? N'est-ce point, entre autres, un fait merveilleux, que l'attachement des Iliens à leur île ? Pauvre île plate et nue, ses plus fiers bastions de roche ne dépassent que de six à sept mètres le niveau de la marée haute. Battue des vents, arrosée d'embruns, rongée et creusée au centre, exposée de front et de flanc aux coups de bélier de la houle, périodiquement affamée ou assoiffée, ne pouvant ensemencer d'orge qu'une faible partie de son maigre terrain, longtemps privée de pain blanc, et parfois encore privée d'eau douce au milieu de tant d'eau salée, quel est son secret pour retenir son peuple, alors qu'ailleurs des champs manquent de bras, et quelques bateaux d'équipage ? Serait-ce d'avoir ignoré l'impôt jusqu'ici ? Les voilà imposés depuis peu, avec promesse, il est vrai, d'amélioration de leur sécurité. Faut-il attribuer aux Sénans un goût anormal de l'angoisse et de la tristesse ? Il est indéniable que le noir du vêtement des femmes et surtout de leur coiffe, cette *jubilinen*

163. Côte sud de la presqu'île de Crozon

164

BREST

164. La Penfeld et l'arsenal
165. Le château

Pages suivantes

166. BREST vu de l'hôtel de ville

165

ARA
MARABOUT
CANARI

166

167

167. BREST : Le pont National
168. Le port du CONQUET

168

169

170

169. Environs de PLOUESCAT

ROSCOFF

170. Vue générale
171. Tourelle dite de Marie Stuart
172. Notre-Dame de Croaz-Batz

171

172

173

173. L'ABER WRAC'H
174. KERSAINT : l'ancien ossuaire

174

LANDIVISIAU

175. Détail du porche de l'église
176. Jour de foire

176

LE FOLGOET

177. Le porche des apôtres de l'église Notre-Dame
178. La foire aux chevaux

179. KERJEAN : le puits du château

de drap si monacale quand elles en laissent pendre les barbes, produit une impression de deuil permanent, mais rappelons que ces femmes ne portent le jubilinen noir que depuis l'épidémie de choléra en 1832. Et n'oublions pas, en méditant sur la fidélité des Iliens, que Sein leur offre un petit port naturel, le plus sûr qui soit entre Douarnenez et Kérity, à proximité de fonds à langoustes ou à turbots. Un jour pourtant, cent quarante-quatre de ses pêcheurs quittèrent leur île avec ensemble, embarqué sur six sloops. C'était en fin de juin 1940. Ordre leur était venu d'aller à Audierne se présenter aux « autorités occupantes ». Bénits au préalable par leur recteur, ils mirent leur moteur en marche, et cap sur l'Angleterre ! Trente-six d'entre eux ne revinrent pas. Après la libération, le général de Gaulle leur a rendu visite. Un monument du sculpteur René Quillivic perpétue le souvenir de leur patriotisme.

Longtemps les Glénan, aujourd'hui popularisées par les écoles de voile, furent encore plus ignorées que Sein. Chaque été avant la guerre, des curieux y débarquaient, des campeurs venaient s'y brunir la peau. Mais le seul lien régulier avec la grande terre, c'était, une fois par semaine, avec la permission des vents, le cotre ravitailleur : un concarnois quoique l'archipel soit rattaché administrativement à Fouesnant, et que la population — quelques dizaines d'âmes — en soit principalement bigouden.

Avec l'Ile aux Moutons, largement séparée des autres, cela fait sept îles habitées ou habitables, plus une profusion de roches. Entre elles sinuent des passes que les torpilleurs suivent à bonne allure pour aller mouiller au centre même de cette Polynésie, dans la Chambre. Ce nom seul dit le repos qu'on y goûte. Mais les accès sont pleins d'embûches. Pour le pain quotidien, il y a quelques hectares de cultures, un peu de bétail, un peu de volaille. N'était le vent, ces îlots jouiraient du plus doux des climats. Ils ont des myrtes, des tamaris, des figuiers vivaces qui montent jusqu'au faîte du muret protecteur — pas plus haut —, une flore abondante parmi laquelle les botanistes mentionnent un narcisse des Glénan : en latin, quel titre d'honneur ! Le sol, léger, engraissé par le goémon et le fumier d'étable, amendé par le maërl des grèves, donne aux endroits abrités de belles récoltes d'orge, de seigle et de pommes de terre. Les Glénan sont d'autre part un bon terrain de chasse pour les tireurs de lapins et de gibier d'eau : mais ceci intéresse surtout les visiteurs.

En un temps où l'archipel était encore rattaché au monastère de Saint-Gildas de Rhuys, ou plutôt à l'abbaye de Loctudy, prébende de Saint-Gildas — soit un peu avant la Révolution —, la manufacture royale des Verreries de Rouen installa au Loc'h des goémoniers chargés de lui procurer de la soude. Ils venaient du Léon et du Cotentin. C'est pour leurs descendants qu'un saint homme, M. du Marhallac'h, entré sur le tard dans les ordres, vint au siècle dernier fonder une paroisse des Glénan et bâtir une chapelle dont il ne reste plus déjà que les fondations parmi l'herbe de la dune. Une cheminée de brique témoigne aussi de l'industrie disparue. Des survivances

180. ROC TRÉVEZEL

plus tenaces d'un passé plus lointain sont le Fort-Cigogne et le fort de Penfret. Le premier fut commencé en 1756. Des soldats y tinrent garnison sous le Premier Empire. On l'a déclassé en 1889, puis rattaché à l'Instruction publique et mis à la disposition du laboratoire maritime de Concarneau. Quant au fortin de Penfret, construit de 1840 à 1847, et désarmé en 1879, il se tapit à moitié sous terre, où le bon granit de ses murs lui garantit une longue vie. Deux établissements d'État bien vivants sont le phare de Penfret et celui de l'Ile aux Moutons.

C'est sur l'îlot de Penfret qu'est établi depuis 1950 le Centre nautique des Glénan, un des plus connus de France. Il attire chaque année jeunes gens et jeunes filles qui veulent s'initier à l'art de la navigation à voile.

Sur la côte de Penmarc'h, Kérity fut longtemps le principal et presque l'unique port, étant le seul à peu près sûr au bord d'une mer sillonnée de forts courants, hérissée au moindre souffle et parfois, contrecoup des orages du large, roulant de furieuses volutes. Toujours exaltant, ce spectacle pourrait bien atteindre son maximum de sens plus au nord, sur les grèves nues, basses, quasi désertes de Tréguennec, de Plovan et de Plovézet, surtout par les beaux soirs, quand l'écume, après le déferlement des rouleaux, déploie sur le sable gris et ferme sa traîne, tandis que la lune se lève au dessus de la dune. Mais aussi, quelles silhouettes, face à cette violence, offrent les rochers de Saint-Guénolé ! Leur médiocre altitude, au lieu de niveler les vagues, leur laisse tout leur volume. Tel le Corbeau — *Karek ar Vran* — se perche au bout de la Torche, c'est-à-dire de la Butte — *an Dorchen*[1]. Tel, de sa proue inusable, le Navire — *ad Lestr* — brise les lames et les fait jaillir au double de sa hauteur (quinze mètres). Le Front de l'Enfer — *Talifern* — est, au saillant le plus exposé, le plus massif des bastions.

Puis des rochers — pas tous — quittent le bord; ils se dispersent ou se rapprochent en formation de coin jusqu'à Men-Hir, porteur d'un feu toujours allumé qu'on ne voit briller que la nuit. A terre, la pointe extrême est celle de Saint-Pierre. Depuis 1897 s'y dresse le puissant phare d'Eckmühl, dont l'obélisque de kersanton est un chef-d'œuvre de sobre architecture. Il domine de haut l'ancien phare réduit au rôle d'amer et deux tours carrées, celle de la chapelle du village et celle du sémaphore.

Les naufrages ont toujours été nombreux dans cette mer. Et la plaine qu'elle étreint apparaît singulièrement nue, rase, mal défendue par ses courtines ébréchées, par son bourrelet de dunes basses : d'ailleurs coupée de lagunes, de lents ruisseaux, de marécages qui tracent des routes à l'invasion. Un raz-de-marée, de loin en loin, y fait du dégât et, au bout du compte, elle n'est guère plus sûre que Sein, moins que l'une quelconque des Glénan. Eh bien ! l'impression dominante en ce pays est celle d'une vie intense :

1. Ne pas donner à ce mot breton le sens français : *torche*. On a fait pourtant la confusion, sans doute à l'origine des contes terrifiants qui concernent les pilleurs d'épaves plus ou moins transformés en naufrageurs.

à terre et sur l'eau, et dans cette région intermédiaire, la grève, que les jusants de grande marée font si vaste. En a-t-il toujours été ainsi ? Les ruines dont ce littoral est semé, les églises et les maisons restées debout, les nefs sculptées sur les murs de Saint-Nonna et sur la tour de Saint-Guénolé, à Kérity l'église de Sainte-Tunveh, tel logis fortifié, telle rue des Argentiers ou des Orfèvres, que de signes d'une activité ancienne, dont témoignent d'autre part quelques papiers d'archives ! Les guerres de la Ligue, le fer, le feu, le pillage, et probablement quelque sinistre, romancé par la tradition, ruinèrent le cabotage et les pêcheries de Penmarc'h. Pendant près de trois siècles, les habitants de cette côte jadis prospère ont dû mener la vie obscure du semeur d'orge et du coupeur de goémon. Quand le goémon se mit à alimenter, après calcination, les usines d'iode, les foyers de brûlage s'échelonnèrent sur la dune, et les âcres fumées des laminaires étirèrent leurs panaches blancs sur la double plaine de sable et d'eau. Ces brûlages ne se font plus depuis que la concurrence du Pérou a conduit nos usines de goémon à remplacer l'iode par l'algine; mais la plupart des foyers primitifs ménagés dans l'herbe rase de la dune témoignent encore de l'ancienne industrie. Mais c'est surtout la sardine qui a ressuscité, depuis près de cent ans, le pays. Grâce à elle, Kérity, où quelques familles de navigateurs perpétuaient maigrement une sorte d'aristocratie, symbolisée par la coiffe d'artisane des Kérityennes, redevint un grouillant port de pêche. A droite et à gauche, Saint-Pierre, Saint-Guénolé, Guilvinec avec Léchiagat, Lesconil et finalement Loctudy sortirent de leurs limbes séculaires. Ces petits ports au ras de l'eau se peuplèrent, s'étendirent, se garnirent de digues, de cales, de magasins, d'usines, de façades blanches. Loctudy attire, à juste titre, de nombreux touristes, fidèles à son charme. Guilvinec, Lesconil et surtout Saint-Guénolé ne sont plus seulement des ports sardiniers. Ils sont devenus thoniers. A Saint-Guénolé, d'importants travaux ont modernisé et agrandi le port.

DU CAP CAVAL AU CAP SIZUN

NOTRE promenade nous a conduits des ports de la *pen sardin* à ceux de la *bigouden*.

Ce sobriquet désigne une coiffe à pointes (*beg*, pluriel *begou*). Elle ne se porte guère que depuis un siècle, et son nom n'est pas plus ancien. Des ethnographes pleins d'intrépidité ont attribué à la population une origine touranienne. Les yeux bridés, les pommettes saillantes dont on fait état se retrouvent ailleurs. Quant à la noire crinière asiatique, il est fâcheux pour la théorie qu'elle ait presque toujours commencé par être une soie bien bouclée et bien blonde, d'un blond parfois décoloré. La plupart des enfants bretons sont des blondins. Mais leurs cheveux tournent assez vite au châtain. Les enfants bigouden sont à cet égard comme les autres. Et il en est beaucoup qui ont les yeux bleus, particularité peu mongole.

Naguère, pourtant, le bigouden n'avait pas bonne presse dans les cantons voisins. Affaire de costume d'abord. Ces cheveux relevés et lissés par derrière sur la *coeff bleo*[1], ce triple étage de cotillons à bordure jaune ou orange, ces corsages rigides et surbrodés, c'était affreux, disait-on.

Les peintres furent les premiers à aimer leur pittoresque. Tels (après Goy) Lucien-Simon, Gaston La Touche, Lemordant, Méheut. Mais ne suffisait-il pas d'avoir des yeux pour constater que bien des Gitanes pont-l'abbistes étaient de fort jolies filles, droites, souples, cambrées, d'une fierté d'allure que n'abolissait pas, chez quelques-unes, le verbe haut ou l'air provocant ? Telle est aujourd'hui l'étendue de la conquête bigouden, qu'après avoir été dédaignée, humiliée, presque exclue de la famille bretonne, c'est l'habitante des deux cantons de Pont-l'Abbé et de Plogastel-Saint-Germain qui paraît, aux yeux des visiteurs, incarner le mieux la Bretagne. Dentellière ou sardinière, elle est devenue la reine de la Cornouaille.

Au musée préhistorique de Porz-Karn, on a placé des squelettes exhumés de la dune. Ce seraient des ancêtres des riverains actuels, frères ou cousins des mangeurs de palourdes, de moules, de coques, d'huîtres dont les déchets de cuisine se voient encore, mêlés à l'argile sableuse de la Torche. Il n'est pas besoin de ces hypothèses pour reconnaître à la population bigouden une vive et riche personnalité. Elle est assurément de celles qui, sur le sol armoricain, répondent le moins au type de douceur dolente et taciturne qu'a fixé Renan. Ici la poésie est en action, et le rêve, qui n'est certes pas exclu, tient plus du roman d'aventures que de la plaintive élégie. Ce caractère va bien à la rudesse de la plaine littorale, mais aussi à la violence de sa lumière, qui fait cligner les yeux, plisser les fronts, mais qui attire et attache à ce pays de sable clair, de clair granit et de clair logis. Ajoutons-y les ailes des oiseaux

1. *Bleo*, cheveux.

de mer, la chanson des innombrables alouettes, le caquetage des troupeaux d'oies en promenade, le grondement de la mer proche, les odeurs de la grève, un air généreusement brassé, une sèche et vibrante maigreur végétale qui n'en fait que mieux apprécier la fraîcheur d'un filet d'eau parmi le cresson et les nénuphars, la mélancolie d'un marais bruissant de roseaux, la grâce d'une fillette en cheveux jouant sur le *ménez* avec ses chèvres ou des jeunes filles en coiffe « picotant »[1] à l'abri d'une roche.

De l'humble butte de Lescorz, tenez sous votre regard tout le plat pays où s'élève depuis quatre cent cinquante ans l'imposante église Saint-Nonna : son caractère rural vous apparaîtra avec évidence. Les ruines de ses moulins sont déjà une indication. Le blé, qui a presque partout remplacé l'orge dont le paysan faisait autrefois son pain, en revêt de larges espaces de sa houle verte, puis fauve, et le ronronnement des batteuses s'y fait entendre dès la mi-juillet. Vient ensuite la coupe des roseaux. En août et septembre la récolte des pommes de terre disperse tout un peuple entre les murets de pierre sèche qui cloisonnent discrètement cette étendue presque rase. L'accent y est mis par quelques arbustes — fusains, tamaris, sureaux, figuiers — et par les bouquets de pins ou d'ormes que le vent d'ouest torture, tous couchés dans la même direction par son souffle marin. Car, quoi que fasse le labourage, l'Océan commande ici en maître.

Après la région de Carnac, il n'en est pas en Bretagne où abondent autant les mégalithes, témoins d'un peuplement primitif : les uns bien apparents, comme ceux de Kerscaven et de Lestriguiou, d'autres à demi cachés, comme le dolmen de Kersigny dans sa pinède. Et que de survivances et que de vestiges d'un âge plus historique ! Que de gentilhommières déchues, que d'églises et de chapelles croulantes ou dispersées pierre par pierre ! Les Monuments historiques s'efforcent d'en sauver quelques-unes. La nouvelle église de Saint-Guénolé construite en 1954 fait l'admiration de tous.

Voici, jalonnant du sud au nord la palud, Saint-Trémeur, Saint-Marc, Saint-Vio et les trois chapelles de la Vierge, étoile des marins : Notre-Dame de la Joie, Notre-Dame de Tronoën et Notre-Dame de Penhors, chacune d'elles célèbre par son pardon, la première basse et trapue comme pour défier vents et marées, la troisième en possession de piliers et d'arcs romans qui prouvent ses quartiers de noblesse, la seconde dressant sur des voûtes de pierre — rareté dans ces cantons — un clocher d'une gothique élégance. Elle peut en outre se vanter d'avoir, à deux pas de son porche, le plus vénérable calvaire de la Basse-Bretagne : il daterait de 1470 environ.

C'est le rôle des arbres d'envelopper de feuillage, dès que le vent de mer le permet, les vieilles pierres nobles ou saintes. Ainsi, dans Penmarc'h même, Saint-Nonna et la maison du Pénity s'entourent de beaux ormes épargnés par miracle. Ainsi la Madeleine a deux fraîcheurs auprès d'elle :

1. Crochetant de la dentelle dite d'Irlande.

une fontaine guérisseuse et de vertes branches. Ainsi Saint-Guido, non loin de Lesconil, et la charmante église de Lababan, entre Pouldreuzic et la grève venteuse, se parent d'une petite oasis. Dans un site analogue à celui de Lababan, admirons, sur la route de Plovan à Tréogat, la belle ruine de Languidou, débarrassée du lierre et de l'herbe qui l'envahissaient. C'est tout un bois qui, bien près de la mer, entoure à Treffiagat le manoir des Le Gouvello. Et si Guernévez, entre Plomeur et Saint-Jean, tombé depuis peu en roture, n'a plus sa pinède pour briser le vent, en revanche d'autres gentilhommières du voisinage, également converties en fermes, Maner Goff, Trévinou, Kerphilen, accrochent encore un peu de verdure à leurs pierres de taille, à une margelle de puits, à une tourelle en pointe, à une muraille crénelée. Kernuz, qui fut la résidence de l'archéologue Du Châtellier, garde son parc. Et de vieux frênes tiennent conseil autour de Notre-Dame de la Tréminou, où fut rédigé le 27 juillet 1675 le *Code paysan*, charte révolutionnaire des Bonnets Rouges : les gens de ce pays ont toujours été de fortes têtes.

La ville de cette Tréminou, c'est Pont-l'Abbé. Outre quelques maisons Renaissance et ce qui reste du château des barons du Pont, outre son église abbatiale devenue paroissiale et pourvue d'une belle verrière, Pont-l'Abbé avait jadis le cloître des Carmes, dont les colonnettes ont fini par trouver asile dans l'ex-séminaire de Quimper. Ses places, ses rues portaient des noms anciens, vrais repères pour l'histoire locale : rue Kéréon, rue Meur, rue de Pont-Guern, rue des Argentiers, des Cloutiers, des Petites-Douves, place au Beurre, place du Marhallac'h, place de la Madeleine, c'est-à-dire de la léproserie dont sainte Madeleine était la patrone (la chapelle est restée, en se faisant toute petite, entre la Voie Romaine et l'étang). Il y avait aussi, le long du quai, une vive activité de port intérieur, des accostages et des appareillages incessants. Ce port a perdu cette activité, mais Pont-l'Abbé conserve ses industries traditionnelles : la dentelle et les meubles bretons.

Sur la rive gauche de la rivière, Notre-Dame de Lambour découronnée de son clocher dès 1675, en punition de la mutinerie, a été restaurée et protégée. Le château des barons du Pont, devenu hôtel de ville, a lui aussi retrouvé une signification qui le relie au passé puisque la tour abrite maintenant le petit musée Bigouden où l'on a réuni les éléments de la vie et de l'habitat de la région : costumes, meubles, ustensiles, documents sur les métiers, la vie maritime, l'art, la littérature, la religion. Le jardin public, derrière l'église des Carmes, le quinconce d'ormes, entre la même église et le quai, ont un charme de bonhomie provinciale. Mentionnons aussi un couvent d'Augustines, jadis école, toujours hôpital, mais hôpital très moderne, parvenu d'un coup à la notoriété par les opérations sur les boiteuses : c'est une infirmité fréquente au pays bigouden.

Pont-l'Abbé est restée longtemps dans la dépendance ecclésiastique de Loctudy, dont l'église, romane aux trois quarts, est une des beautés architecturales de la Bretagne. Ils n'étaient pas mal inspirés, les religieux qui firent leur séjour de ce doux rivage. Là foisonnent mimosas, magnolias, bambous, arbousiers, lauriers du Caucase. Aux beaux mois, aujourd'hui, la plage semble l'emporter sur le port. Et déjà les baigneurs essaiment vers les anses qui suivent, Kergall, Kervilzic, Kerfédé, Landonnec, Kerfriant, simples criques de pêcheurs. La pensée ne venait à personne, autrefois, de bâtir sa maison d'été sur ces maigres dunes, et c'est au long de la rivière de Pont-l'Abbé que se ménageaient de vertes retraites. L'une d'elles, Kérazan, a été léguée par son dernier châtelain à l'Institut. Elle a des arbres magnifiques. Le logis Renaissance, en partie exhaussé, est devenu musée et ouvroir. Des jeunes filles y avaient patiemment tissé des tapis turcs, chinois et même bretons.

Longtemps Loctudy n'avait pas compté comme port de pêche; il l'est devenu, a été amélioré et plusieurs de ses maraîchers sont devenus des pêcheurs très hardis allant jusque sur les eaux sénégalaises.

Le haut pays bigouden, plus varié, plus contrasté que la plaine côtière, recèle bien des retraites nobles, telles que le Minven, près de Tréogat, la Coudraie près de Tréméoc, le Hilguy en Plogastel, Guilguiffin en Landudec. Celles mêmes qui sont devenues paysannes gardent de beaux restes : par exemple Lesnarvor, en Pouldreuzic, au vieux colombier intérieurement intact; et surtout Penquellénec, en Peumerit, qui a encore deux cours à moitié closes de murailles, des portes en arc brisé, des fenêtres à meneau admirablement conservées, et de beaux arbres au centre d'un âpre terroir. Même impression de recul brusque dans le passé, de solitude et de « douceur secrète », devant les chapelles, complètement ruinées, de Languivoa et de Saint-Philibert de Lanvern, aux environs de Plonéour, toutes deux décapitées comme celle de Lambour, pour le même crime de lèse-majesté. Un peu plus au nord, la belle chapelle de Saint-Germain, qui a fleur de lys à ses baies, privée d'une flèche et d'une tourelle, paraît aussi hors du siècle que le hameau. Le type même de la solitaire, c'est Notre-Dame de la Clarté, en Combrit : solitude encore sylvestre, et que remplit, un jour par an, l'affluence des pèlerins.

Du bourg jusqu'à Sainte-Marine, la route a été élargie à la mesure du trafic actuel; mais elle donne encore des vues sur le château du Cosquer. Ce n'est plus celui où des paysans ameutés massacrèrent, en haine du papier timbré, le sire de Kersalaün, qui n'était pour rien dans la taxe. Celui-ci est décoré de briques et flanqué de tourelles qui sentent le Second Empire. L'église de Combrit, entourée du cimetière, où le corps du peintre Lucien Simon a trouvé place, s'est vu dotée d'une verrière par l'une de ses filles; un clocher du XVIIIe siècle, qui n'est pas laid, a remplacé la flèche abattue par ordre en 1675.

Nous sommes ici aux confins du pays bigouden. Il n'a que par exception cette luxuriance. En dehors même de son *Armor* dénudé, il n'est planté que par endroits, et surtout de pins maritimes. Leur ombre est moins fraîche que balsamique. Elle est peut-être pour quelque chose dans l'esprit des

STEINER

182

183

184

185

182. LAMPAUL-GUIMILIAU : poutre de gloire
183. PLEYBEN : sablière de l'église
184. SAINT-GONÉRY en PLOUGRESCANT. Création d'Ève (peinture du lambris)
185. TRÉFLAOUÉNAN : Entrée à Jérusalem (peinture du lambris)

87

188

186. PLEYBEN : l'église et le calvaire
187. SAINT-THÉGONNEC : le calvaire
188. GUIMILIAU : détail du calvaire

JANE-WATERMAN

189. MORLAIX

190. LE DIOURIS
191. SAINT-MICHEL-EN-GRÈVE : la plage

190

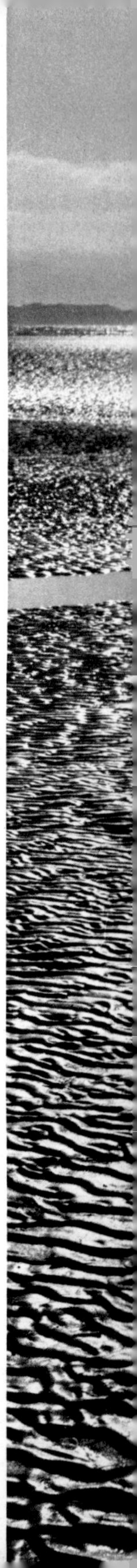

192. LOCQUIREC. Église : détail du retable de l'arbre de Jessé
193. LANMEUR : la crypte de l'église
194. SAINT-POL-DE-LÉON : le Kreisker

192

193

194

195. PLOUGONVEN : le calvaire et l'ossuaire
196. SAINT-POL-DE-LÉON : le marché
197. PLOUNÉOUR-MENEZ

Pages suivantes
198, 199. L'oratoire de Saint Guirec et les rochers de PLOUMANAC'H
200. PERROS-GUIREC

195

196

198

199

20

P-702
P 921

habitants, ainsi que ce froissement d'aiguilles qui faisait dire à René : « Nous croyions retrouver le bruit de la mer dans la cime agitée des pins. »

Du haut des quatre-vingt-douze mètres qu'atteint le chemin de Poullan à Plouhinec, on a à sa gauche toute la baie d'Audierne. En se tournant un peu, on aperçoit, comme jaillis de la mer, bien qu'un seul y soit, les trois phares de Penmarc'h. Devant soi, c'est le commencement du Cap Sizun. Il se tend droit à l'ouest comme une réduction de la péninsule bretonne tout entière, jusqu'à cette pointe du Raz qui s'allonge sur l'eau et s'y enfonce à la façon d'un kriss malais.

Le Cap est rugueux à souhait, avec des aspects de désolation qui ne sont pas ceux de la côte bigouden, parce que, sauf dans l'Armor d'Esquibien, vers Trez-Goarem et Lervily, le sable est rare. Le sol bossué montre davantage son ossature de granit. Ceci non seulement aux approches du Raz, mais dans le haut pays, celui de Mahalon, de Meillars, de Comfort, celui des hommes de la bruyère, des *Brugar* qui furent des derniers fidèles aux *bragou braz*.

La femme du Cap porte — ou portait — une coiffe blanche de tulle, parfois remplacée par une capeline de drap noir — comme à Sein. Elle a un visage aux traits vigoureux, une robustesse un peu courtaude. A Pont-Croix, capitale du pays, les artisanes portaient une autre coiffe et le châle. Allongée sur une rive du Goayen, la petite ville possède une église gothique dont le gâble, véritable dentelle de pierre, selon l'expression consacrée, est célèbre.

Une gentilhommière historique, convertie en ferme, est celle de Kervénargant en Poullan : c'est là, et à Kerven en Pouldavid, que trouvèrent asile, dans l'été de 1793, quelques-uns des Girondins proscrits. Ce qu'on sait moins, c'est que ce pays perdu qu'est le Cap Sizun fut un des berceaux de l'idée fédéraliste sous la Révolution, que cette « finistère » eut, dès l'été de 1789, un corps de fédérés. C'est donc que ses habitants n'étaient pas trop étrangers au cours des événements. En suivant la côte après Audierne, on remarque des maisons paysannes d'aspect presque cossu, bâties de bonne pierre taillée, avec quatre ou cinq fenêtres à l'étage, et sur le linteau de la porte d'entrée une date qui les fait contemporaines du Consulat ou de l'Empire : ce dut être pour le Cap une ère de prospérité.

Au XVIIe siècle, le Père Maunoir, qui n'était pas un apôtre indulgent, fut outré de voir qu'on dansait « pour la gloire de Dieu » dans la chapelle de Lescoff et devant l'église de saint Tugen, guérisseur céleste des enragés. Ces mélanges du sacré et du profane sont de tradition en Bretagne, et tous les pardons le démontrent. L'église est belle. Sa forte tour émerge d'une fraîche combe où se blottit un village ancien. La mer est proche, mais on ne la voit pas. On la voit, au contraire, et jusqu'à la ligne d'horizon, de la butte où Notre-Dame de Bon Voyage a sa chapelle, un peu à l'ouest du Loc'h[1].

1. Étang, eau douce se déversant dans la mer.

201. LANNION. Escalier de Brélévenez

Encore plus près de la mer, au bord même de la falaise, près de la pointe du Van, face au Raz, l'humble oratoire de *Saint-They* tient vaillamment contre les tempêtes, dans une solitude primitive, mais la mer affouille la roche qui le supporte. A l'autre bout de la presqu'île, entre Poullan et Comfort, Notre-Dame de Kérinec est un sanctuaire presque somptueux et bien ombragé. Les belles églises ne manquent pas au Cap Sizun. Celle de Comfort, où certaine roue à clochettes est un objet de curiosité, se double d'un beau calvaire, moderne il est vrai. De Plouhinec, de Poullan, de Goulien, de Cléden, de Plogoff, les élégantes flèches pointent au dessus du plateau.

La plupart des touristes qui vont au Cap se bornent à suivre, aller et retour, les seize kilomètres de la route presque droite qui unit Audierne à la pointe du Raz. Beaucoup moins fréquentée, la voie romaine de Pouldavid à la pointe du Van, appelée dans le pays route d'Ahès[1], ménage par endroits de magnifiques vues sur l'Iroise et sur la baie de Douarnenez, tout en traversant d'austères plateaux de bruyère, d'ajoncs et de tourbe, coupés çà et là de vallons humides, verdoyants et fleuris. Il faut la quitter et prendre — à pied de préférence — des sentiers vaguement perpendiculaires, si l'on veut aller jusqu'aux falaises abruptes et aux grèves de la côte nord du Cap, aux pointes du Leidé, de Castel-Meur, ou de Castel ar Roc'h. La Société pour l'étude et la protection de la nature y a aménagé depuis 1959 une importante réserve ornithologique où se trouvent des oiseaux de mer d'une espèce rare. On la visite sous la conduite d'un garde.

Entre les deux routes, ce pays rugueux ménage des surprises. C'en est une, entre la baie des Trépassés et Cléden, que le hameau où se blottit la chapelle de Saint-Tual, qui n'est pas une merveille d'art ni une antiquité vénérable (*Baty en lan* 1772, dit une inscription), mais qui sanctifie la plus ombreuse et la mieux arrosée des retraites. De Cléden, un autre chemin, qui s'oriente au midi, longe sous les feuilles la chapelle de Saint-Trémeur et descend dans une verte vallée jusqu'au petit port langoustier du Lo'ch. Dans ces vallons de la pointe, on remarque la légèreté des feuillages, la prédominance des frênes, des saules, des acacias, un orme de place en place y mettant la note de vigueur.

Mais, comme au Cap Caval, les paysages marins l'emportent sur les autres dans la mémoire des visiteurs. Cela tient surtout au site dominateur de la pointe du Raz. Il n'en est guère de plus âpre et de plus beau, tel surtout qu'on l'imagine dans sa virginité première, ou discrètement humanisé par son phare, son sémaphore, ses baraquements de marins télégraphistes. Toutes réserves faites sur le marbre déclamatoire d'une Notre-Dame-des-Naufragés, l'essentiel demeure : ce belvédère à soixante-dix mètres de haut devant un espace immense, à vos pieds cette eau remuante où bondissent des marsouins, d'où émergent les trois Gorlé, le phare du troisième, Gorlé Bella, et celui de Tévennec; plus loin, s'il fait clair, le radeau de Sein; plus

1. Autre nom de Dahut, fille impudique de Gradlon.

loin encore, Ar-Men, le large, l'Océan, et celle qu'on ne voit pas, mais dont c'est la route, l'Amérique.

Pour plus d'intimité avec la mer et la roche, on peut faire le tour de la pointe, facilité par quelques garde-fous et par des guides. Les lames bouillonnent littéralement sous vos pieds, en pénétrant dans des tunnels dont l'un s'appelle l'Enfer, comme un autre à Saint-Guénolé. Elles déferlent, comme à Saint-Guénolé encore, sur un Moine de granit, mais celui-ci couché. En chemin, on vous montre une chaise de Sarah Bernhardt. Que de visiteurs l'ont essayée après elle !

Le granit de la pointe est généralement d'un gris que les lichens argentent. Du moins vers le sommet : sa couleur est plus montée de ton, plus fauve, plus chaude, à mesure qu'on descend. Des coulées violâtres rehaussent l'ombre humide des creux. Sous l'eau, des récifs d'un vert d'émeraude semblent emprunter à cette eau remuante le mouvement de la respiration.

Un chemin en lacets, étroit et caillouteux, mène de Lescoff à la baie des Trépassés. Ce nom lugubre, selon certaine littérature, tiendrait à l'abondance des noyés que le courant porte à la grève : le courant, dans cette baie, serait à sens unique. Il est probable, qu'il s'est fait ici une confusion entre *an anaon*, les âmes, et *an aon*, la rivière. La rivière existe, s'élargit même en étang puis se perd sous le cordon de galets qui borde la plage. Une telle interprétation serait bien plus conforme aux procédés de la toponymie populaire.

Sur cette légende s'en est greffée une autre : celle de la ville d'Ys, engloutie entre les deux pointes du Raz et du Van, si ce n'est un peu à l'arrière, dans l'étang de Laoual, tout silence à côté du perpétuel grondement océanique.

QUIMPER, L'ODET ET LE PAYS « GLAZIK »

Une promenade devenue classique est la montée ou la descente de l'Odet entre Quimper et la mer. « La plus jolie rivière de France », assurent des affiches. Mieux que jolie : majestueuse, mystérieuse. Entre ses berges boisées qui tantôt se resserrent et tantôt s'écartent, elle prend, grâce à la marée, des airs de fleuve. Mais les moteurs trépidants qui la sillonnent aujourd'hui n'ont pas trop de peine à vaincre son courant.

Bénodet, dans une échancrure de l'estuaire, ne fut longtemps qu'une escale de caboteurs. L'escale subsiste. C'est aussi un mouillage de yachts, parmi les arbres. Mais sa plage en hémicycle, sous la pointe protectrice du Groasquin, en a fait une station balnéaire, d'abord pour les citadins du voisinage, puis pour ceux de partout. En face, au bout d'un nouveau pont *Sant Moran*, devenu Sainte-Marine, le petit port de homardiers et de ligneurs qui n'avait pour plaire que sa chapelle et son bouquet de chênes au bord de l'eau, avec force avirons appuyés aux branches, s'est mis à faire comme Bénodet et à guigner l'amateur.

Les bateaux de plaisance, de plus en plus nombreux, trouvent à Bénodet un havre sûr. De nouveaux quartiers, une église neuve, témoignent du succès de cette station balnéaire.

Toutes les rivières bretonnes sont bordées de nobles domaines. Mais aucune n'en offre, sur chaque rive, une suite aussi continue. Les parcs succèdent aux parcs, colorent de vert sylvestre l'eau salée, mêlant des voix dodonéennes aux murmures du flot. A peine, çà et là, une clairière où un château se montre ou se laisse deviner. La tradition de ces calmes résidences est ancienne, puisqu'on a trouvé des tuiles à rebord à Poulguinan ; au Perennou, les restes d'une villa gallo-romaine et du *balneum* qui en dépendait. L'impression dominante est celle d'une solitude sans date, entre la route d'eau que font sinuer les *virecourts* et les deux routes qui joignent Bénodet et Sainte-Marie à Quimper, l'une et l'autre à bonne distance des berges.

La route de l'ouest s'appelle la route des châteaux : ils ne manquent pas non plus sur l'autre rive. Ces châteaux de l'Odet font un peu maugréer l'archéologue, à cause de certains enjolivements.

Vieilles, neuves ou rajeunies, ce que les gentilhommières de l'Odet ont de plus attachant, c'est l'abondance de végétation dont elles s'entourent. Toutes ont une parure de géants centenaires et respectés. A Lanniron, dont les évêques de Cornouaille avaient fait leur maison des champs, les jardins descendent en terrasses jusqu'à la rivière. On marche aux Garennes et à Kergos entre des haies de rhododendrons admirables, moins prodigieux pourtant que ceux du Perennou à l'ombre des séquoias d'Amérique et des tulipiers du Japon.

En face du château de Lanniron, sur l'autre rive, le port de Quimper-

Corniguel reçoit, pour les besoins locaux, des vins, du charbon, du ciment, du bois, du sable, des hydrocarbures, et exporte des pommes de terre et des conserves.

Passé la pointe du Corniguel, on aperçoit au loin les flèches de la cathédrale de Quimper. L'on côtoie ou l'on suit un long chemin de halage à gauche duquel s'est bâti dernièrement, en dépit du terrain marécageux, tout un quartier doté d'une chapelle neuve. Arrivé au Cap Horn (vieux nom bien évocateur), un pont tournant permet le passage des bateaux sabliers : ils le traversent pour arriver au quartier de Locmaria, qui fut la ville primitive, l'*Aquilonia* gallo-romaine. Une église romane étrangement massive et nue, un ancien prieuré Renaissance, trois faïenceries, quelques maisons et l'on gagne la ville-confluent (tel est le sens du mot *Kemper*) par des allées de platanes. Ces allées longent elles-mêmes le Mont Frugy dont le versant sud, qui regarde la ville, est planté de hêtres centenaires. De l'autre côté, on a bâti nombre de maisons. Au pied du mont s'érige un menhir de granit qui rappelle la libération de Quimper en 1944. On arrive ainsi à la grande place, la place de la Libération. C'est là, principalement, qu'ont lieu à la fin de juillet, les célèbres fêtes folkloriques de Cornouaille.

Du Cap Horn au confluent, il y avait autrefois des arbres comme sur l'autre rive. Un pont léger franchit l'Odet au point de rencontre du Steir, doublé par un autre dédié au Quimperois Max Jacob qui permet aux camions les plus lourds de franchir la place de la Libération.

Autrefois, Quimper avait une ceinture de murailles avec tours, mâchicoulis, portes et poternes. Il en reste d'appréciables vestiges. Ce Quimper muré n'était pas grand. Il avait établi déjà ses tentacules au delà de la Terre-au-Duc, des Reguaires et de la gare. Il vient de faire plus, s'étant encore agrandi de faubourgs. Il devient le grand Quimper qui absorbe trois communes : Ergué-Armel, Kerfeunteun et Penhars.

En vérité il y a toujours de quoi voir à Quimper, quand même ce ne seraient ni les pignons anciens de la rue Kéréon, cent fois dessinés, lithographiés, gravés ou peints, ni l'ex-palais épiscopal que fit construire un Rohan, ni deux musées dont le principal est l'un des plus riches de France, ni la cathédrale au chœur oblique admirable à toute heure du jour. Ses deux flèches ne datent que du Second Empire, mais le ciel breton a pris soin de les patiner au ton de l'ensemble. Encore n'existaient-elles pas quand Flaubert écrivait : « N'en déplaise aux gens qui prononcent ce nom de Quimper-Corentin comme le nom même du ridicule et de l'encroûtement provincial, c'est un charmant petit endroit. » Et comment la croire envoûtée la bonne ville du chanoine Moreau, de Fréron, de Max Jacob ?... Max, le Juif converti dont la bonhomie quimpéroise autant que montmartroise n'aurait jamais prévu le sort que lui réservaient les nazis.

Peut-être le suprême mérite de Quimper est-il la facilité d'évasion, par de belles routes ombreuses, vers les grèves et les champs cornouaillais. Quimper est d'ailleurs le chef-lieu d'un pays caractérisé par un costume et par une coiffe. La paysanne des environs est appelée, ainsi que sa coiffe, *bourléden*; le paysan, *glazik*. Bleu se dit *glaz* en breton. Le pays des hommes bleus. Quoique leurs ancêtres se soient rués sur Quimper en 1490 et sur les châteaux en 1675, ces hommes bleus, qui sont pour la plupart des blonds aux joues colorées, se montrent faciles et accueillants. Dès la sortie de la ville, le charme opère, et l'on se sent de cœur avec les châtelains disparus de ces lieux riants : Tréqueffélec, Coatbily, le Bourbonnel, la Forêt, Loscoat, Pratanroux surnommé le temple des Faux-Dieux, Pratanraz, Lesergué. A Penhars, le hors-la-loi Louvet retrouva le goût du bonheur sous le règne de la guillotine. Signalons deux autres révélations, survenues à la chapelle de la Mère-de-Dieu, un peu au delà de Kerfeunteun : le P. Maunoir y découvrit la clef du bas-breton, et Flaubert la beauté des cheveux flottants à l'état de nature sur des épaules d'adolescent.

En remontant la vallée de l'Odet, on arrive au *Stangala*, ou ravin d'Alar. La rivière y court et bondit parmi les roches entre des fourrés, des arbres, de tendres prairies et des falaises chevelues. L'éperon de Griffonès s'avance dans cette vallée comme une pointe du Raz terrienne, triple ressaut de granit presque nu au bout d'une plate-forme plantée de houx. Plus au nord, c'est la haute Odet et ses affluents, comme elle issue de la Montagne-Noire. Tout rural, le terroir est plus fréquenté des pêcheurs de truites et de saumons et des chasseurs de perdrix que des touristes. On y rencontre pourtant des églises qui méritent un détour, des chapelles dont deux seulement sont visitées, Notre-Dame de Quilinen et Saint-Vennec, parce qu'elles ont l'appoint d'un beau calvaire et que la grand-route de Brest passe à côté. Mais Notre-Dame de Pontouarc'h et Saint-Jean de Leuhan — une demi-ruine — valent bien aussi une halte. De même des châteaux comme Trohanet, entouré d'une flore magnifique, Trémarec en Landudal, où naquit le navigateur Kerguélen, la Boixière près de Briec, que les mutins de 1675 prirent d'assaut, et, presque à la source de l'Odet, Kersalaün, halte des Chouans en 1795.

Les coiffes de ce pays disparaissent peu à peu et chaque année davantage. Pourtant, à l'ouest de Quimper la tradition se conserve mieux. Au delà de Plomelin et de Pluguffan, la *bourleden* voisine avec la *bigouden*, et le pardon de Notre-Dame des Grâces les réunit chaque année sous de beaux arbres auprès d'un moulin à eau attendrissant de vétusté. Au nord, passé le Juc'h et sa belle église, elle fait connaissance avec la *pen sardin* de Ploaré. Une route à suivre est celle qui, par crochets et rampes, traverse Pluguffan entre un aéroport et un rocher à tourelle, laisse à gauche Plonéis, à droite l'unique tour du château à demi ruiné de Saint-Alouarn et, après avoir pris un air de fraîcheur entre les fontaines de Saint-Yvi et de Saint-Fiacre, monte au bourg de Guengat, qui serait bien modeste sans l'église qui le glorifie. Ses vitraux anciens sont aussi beaux que ceux de l'église Renaissance de Plogonnec, à cinq kilomètres au nord. Encore trois, et c'est, au seuil du Porzay, Locronan.

Renan a récrit l'histoire de son saint patron, selon le P. Le Grand de Morlaix. Le Braz a repris la légende. Elle est sculptée et peinte en dix médaillons sur la chaire de l'église du bourg, qui possède en outre la cloche en cuivre du saint et, dans la chapelle annexe du Pénity, son tombeau. De ladite légende, l'hagiographie, qui aspire à l'exactitude scientifique, ne laisse pas grand-chose. Mais c'est une magnifique réalité, que cette « grande église en forme de cathédrale », comme s'exprimait un baron de Névet, ainsi que la place publique devant cette église, les belles façades de pierre taillée que des touffes de giroflées fleurissent au printemps, les lucarnes ornées, les hautes toitures : 1669, lit-on au dessus d'une fenêtre. Un puits de la même époque est au centre. Le dernier métier à tisser s'était tu à Locronan. Quelques-uns ont repris leur mélopée à l'usage des citadins. Le tourisme a adopté cette ancienne capitale du tissage. Ce qui la réveille tout à fait, chaque deuxième dimanche de juillet, c'est son pardon et, tous les six ans, sa grande Troménie. La paroisse fut terre d'asile. La procession en fait le tour, et ce tour de l'asile *(tro minihi)* est aussi un tour du mont *(tro ménez)* dont la croupe s'arrondit au levant. Sur ce parcours d'une douzaine de kilomètres sont échelonnés des reposoirs où les pèlerins, en procession ou isolément, font halte. L'ascension de la montagne, tambours battants, bannières hautes, jusqu'à la chapelle de Plaz-ar-Horn, est un spectacle exaltant, même aujourd'hui que les costumes *glazik* se font rares.

L'autre grand pardon du Porzay, c'est celui de Sainte-Anne-la-Palud. On sait la complainte qu'il inspira à Tristan Corbière, d'un réalisme et d'une tendresse à goût de sarcasme. Sur cette palud jadis désertée, aujourd'hui envahie par les campeurs, menacée par des transformations, le pèlerinage à la vieille statue de sainte Anne attire le dernier dimanche d'août une foule bigarrée où les costumes bretons se mêlent aux maillots des baigneuses.

202. RUNAN : l'ossuaire et le calvaire

202

203. LANNION : le centre de télécommunications

204-205. PLEUMEUR-BODOU : le radome

206

206. GUIMILIAU : bannière

GUENGAT

207. Calice
209. Croix processionnelle

208. PLOURAC'H : calice

207

208

TRÉGUIER

210. Vue générale
211. Le cloître

212. Les cinq croix près de PLOUBEZRE
213. LOGUIVY-DE-LA-MER

214. BRÉHAT, côte nord
215. TONQUÉDEC : tours d'entrée du château

216. LOC-ENVEL : pendentif du lambris de l'église : la Trinité
217. Environs de CARHAIX
218. BULAT : le lutrin de l'église

CHARLES

NOTRE-DAME DU CRANN EN SPÉZET
219. Vitrail de la Passion
220. La chapelle

221. La Montagne Noire près de GOURIN

DE L'ODET A L'ELLÉ

FOUESNANT, le pays du foin, a transmis son nom à la coiffe ailée et à la collerette plissée-menu qui règnent de la Basse-Odet à la Haute-Ellé. *Kiz- Foën,* dit-on — la mode fouesnantaise. Comme celle des costumes masculins, cette mode comportait jusqu'à ces dernières années autant de variantes qu'il y a de cantons à la suivre. Mais une espèce d'uniformité s'est faite en faveur de Pont-Aven, ville des élégances et des peintres.

Nous sommes ici dans la plus douce Cornouaille. Autour de l'église romane, que ne dépare pas la vieille paysanne résignée, mais fidèle à ses morts, qu'a sculptée Quillivic, c'est un tiède pays bocager, plantureux, accueillant, au cidre réputé.

Fouesnant a sa *riviera,* qui est Beg-Meil, continué en direction du Cap Coz par une suite de vertes thébaïdes, Lantécost, Botconan, Kerhour, Ker-ar-Gwez : y abondent les rhododendrons, les hortensias, les camélias, les mimosas, les yuccas, les araucarias, de vastes cupressus, flore à demi exotique, mais facilement acclimatée. Il fait bon, de cet heureux rivage, voir aux beaux jours se déployer jusqu'à Concarneau, nappe lumineuse, la baie de La Forêt.

Beg-Meil, paradis un peu artificiel, n'était qu'une pointe couverte d'ajoncs, un minuscule port de pêche et, entre les deux, une série de petites plages paisibles. Hôtels, villas y abondent maintenant et les grèves qui s'échelonnent perdent progressivement leur antique solitude.

Dès que s'offre un abri, tout prospère sur cette côte fouesnantaise; mais nulle part mieux qu'au fond de la baie, au long des trois anses parallèles : anse de La Forêt, bordée de vergers, d'arbres et de pâtures, avec le sillage mirant dans l'eau de la pleine mer ses barques, ses maisons, son clocher; anses Saint-Laurent et Saint-Jean, ombreuses et discrètes à souhait. Sur le plateau, le manoir de Chef-du-Bois est tel qu'il était il y a trois siècles, abstraction faite d'un inutile jardin d'hiver. César de Vendôme et le maréchal de Brissac y reçurent, en 1619, les clefs de Concarneau qu'ils assiégeaient. De magnifiques allées de châtaigniers et de hêtres s'entrecroisent au-devant. Une autre — le chemin des Moines — conduit à ce qui reste du prieuré de Locamand : une porte sur une cour de ferme, une deuxième sur un cimetière devenu pré. A côté, un humble hameau qui fut paroisse.

Un important port de plaisance a été établi près de La Forêt-Fouesnant et des menaces d'aménagement très discutables pèsent sur cette baie.

Lespont, qui fut une commanderie de Templiers, a été transporté pierre à pierre à Beg-Meil : mais on ne transporte pas un site. Cheffontaines, ample et symétrique façade, s'accorde parfaitement avec son avenue de hêtres, au garde à vous sur 1 800 mètres de long. Bodinio (l'ancien, non le neuf) dissimule dans le feuillage ses hautes cheminées et son haut toit :

222. Notre-Dame de Quilinen : la chapelle

abandonné à des domestiques, se souvient-il du Rosmadec de Molac qui vécut là, et de son frère le comte Des Chapelles, décapité avec son ami Boutteville pour avoir trop aimé les duels ?

Plus varié peut-être est l'arrière-pays de Concarneau. Des routes d'ombre montent du port. Beuzec, Lanriec, les vieux chemins de La Forêt, les hauts talus de terre ocreuse avec leur habituelle fourrure de ronces, de genêts, de digitales, de noisetiers, de châtaigniers courtauds, de chênes-têtards, la coupure du Moros et tant d'autres rivières ou ruisseaux s'offrent une vallée presque grandiose : encore un terroir enchanté. Entre Moros et Aven, sur certain promontoire, se reconnaissait il y a peu d'années le rectangle d'un camp romain. La charrue l'a nivelé. Mais, tout proches, on voit encore deux larges dolmens, à demi enfouis dans un champ.

De Trégunc à la mer, on traverse un pays alternativement bocager et nu. Des roches paraissent jetées à travers champs. La pierre — un beau granit bleuté — est si abondante, que beaucoup de clôtures sont faites de petits menhirs. Sur la côte, le Cabellou s'est conquis une place dans le Gotha du tourisme. De Névez, un chemin se tortille jusqu'à Raguénès et à l'Ile Verte, chère aux pêcheurs de crevettes. Un autre mène à Port-Manec'h, à sa plage, à son petit port, blotti sous la butte du phare à l'embouchure spacieuse de l'Aven, qui est aussi celle du Belon. On y rencontre quelques bateaux dont la principale pêche est devenue celle des oursins régulièrement expédiés à Paris : concurrence inattendue aux Provençaux. Il y a, autour du double estuaire, d'autres concurrences d'ordre gastronomique dont la source est à Pont-Aven, cité de feu Julia, et à Riec, capitale de Mélanie.

Pont-Aven, devenu le séjour et le tombeau de Botrel, hébergea antérieurement des Fauves : avec Gauguin ou à sa suite, Verkade, Filiger, Émile Bernard, Sérusier, Maufra, Ponthier de Chamaillard, Mayer de Han, etc. Bois d'Amour, moulins à eau, chanson de la rivière butant aux cailloux et aux rocs moussus, petits caboteurs contre le mur du quai, maisons à mine d'aïeules, fraîcheur des jeunes filles sous la plus gracieuse des coiffes de Cornouaille, cela dure encore — à peu près. Il y a toujours, dans le voisinage, un moulin du Plessis, une chapelle de Trémalo, le squelette du château de Rustéphan, mais surtout cette belle route d'eau de l'Aven qui passe sous les manoirs du Hénant et de Poulguin, qui creuse les criques de Rosbraz et de Kerdruc et qui a procuré un hivernage champêtre à une centaine de thoniers.

Près de Riec, bourg du kaolin, un défunt gentilhomme imaginatif a fait dresser des menhirs de ciment. Une authentique merveille, ce sont les huîtres du Belon. Sur sa rive gauche, Notre-Dame de Lanriot exhale, le jour du pardon, un parfum persistant de Bretagne mystique. L'anse de Merrien, les petits ports de Brigneau et de Douëlan creusent plus loin la falaise. C'est de Douëlan que Gauguin partit pour Tahiti.

Encore quelques kilomètres, et voici, sous de hautes dunes, entre de noirs rochers battus des lames, les plages du Pouldu, devenues, elles aussi,

223. LES IFFS : vitrail de la Passion

stations estivales. On y a beaucoup construit. A côté, un port d'estuaire au fond de sable doré abrite des barques amarrées aux ormes et aux chênes de la berge. Derrière, par les routes qui mènent à Moëlan, Clohars, Baye et Quimperlé, c'est une Bretagne arcadienne, avec la plus grande forêt du Finistère. L'admirable Laïta ne sépare plus la Cornouaille du Vannetais : un pont permet le passage. Sur la rive cornouaillaise sont les restes d'une abbaye fondée en 1170 par Maurice Duault, un saint François breton, qui charmait les corbeaux et les loups, mais maudissait les rats.

Pour former la Laïta, l'Isole sinueuse et l'Ellé bondissante se donnent rendez-vous dans l'ancien Anaurot à Quimperlé, entre l'église romane de Sainte-Croix et l'église gothique de Saint-Michel, l'une au niveau des eaux, avec une crypte sur pilotis, l'autre sur une colline assez raide. Ce fut une cité monastique et forte : elle n'est plus que charmante. Dubuisson-Aubenay admira « la pierre grise et de grain » dont étaient bâties « les bonnes et belles maisons » du quai. Il en reste quelques-unes, et d'autres plus anciennes, pansues, bossues, l'air croulant, mais qui tiennent. La ville a vu mourir le savant Lancelot, naître le savant Dom Maurice et l'auteur du *Barzaz Breiz*, spécialiste du folklore romancé. Des peintres ont peint sans se lasser le Pont-Fleuri, la petite Venise, les laveuses battant le linge au bord de l'eau courante. Flaubert a aimé cette petite ville, dont la grande fête s'appelle le Pardon des Oiseaux.

Ici, entre la chapelle de Lothéa et le pont Kerlo, est le pays de Brizeux. Né à Lorient en 1806, c'est au presbytère d'Arzano qu'il fut instruit par son oncle l'abbé Le Nir. La longue bâtisse à tourelle a certainement très peu changé depuis. Là venait celle qui fut Marie.

Brizeux vécut aussi dans la vallée de l'Isole, à Scaër, où quelques femmes portent encore, non la coiffe de Marie et du Vannetais, mais celle de Bannalec. Une fois l'an, le pays se rassemble au pardon de Notre-Dame de Coadri, cher à Brizeux. On y va chercher des cailloux marqués d'une croix, souverains, est-il dit, contre les douleurs. On chassait le loup dans les bois de Cascadec et de Coatloc'h au temps du poète. On luttait, et ce sport a repris. Au cimetière de Langolen, on lit sur une stèle récente : « A Scordia, lutteur breton, mort à 22 ans. »

Légendes des illustrations des pages 270 et 271

224. KERGRIST-MOELOU : l'église et le calvaire
225. Les ruines de LANGUIDOU en PLOVAN
226. STIVAL en PONTIVY : fontaine Saint-Mériadec
227. LES IFFS

DEUX « FINISTÈRES », UNE RADE, UN ARSENAL

Au bourg avenant de Saint-Nic, au village de Sainte-Marie, dont la jolie église abrita sous l'occupation des Anglais et des résistants, on prend congé du Porzay et de tout le pays *glazik*, pour entrer dans la presqu'île de Crozon.

Nulle part peut-être la Bretagne n'apparait plus conforme à sa réputation d'âpreté. Cela commence par des solitudes magnifiques, de vastes landes et des pinèdes clairsemées, d'où l'on voit apparaître par intermittence soit le profil austère du Ménez-Hom, soit une clarté vaporeuse : la baie de Douarnenez. Dans une combe, Argol offre au regard son église bien ombragée, et l'arc triomphal de son cimetière. Après le carrefour de Tal ar Groas, les friches reprennent de l'ampleur, favorisées par l'abondance des terrains militaires : on sent le voisinage de Brest. Mais ces friches reculent devant les constructions et de vieux moulins, aux ailes disparues, sont devenus des résidences.

Cette presqu'île de Crozon quelle grandeur dans sa rudesse ! Quelle harmonie dans les longues ondulations du terrain, quel accord des hameaux avec les croupes de granit où ils semblent enracinés. Quelques ormes torturés par le vent ponctuent les sobres lignes du paysage. Il se dépouille encore vers les pointes : le Toulinguet, que double en mer la roche déchiquetée du même nom; Pen-Hir, que prolonge la triple pyramide des Tas-de-Pois. Non loin de là s'élève l'émouvante croix de Lorraine en granit, le monument aux morts de la Résistance bretonne. Dinant, que termine, comme dans la falaise d'Étretat, une arche naturelle, mais de granit résistant, non de calcaire; la Chèvre, à-pic dans les brisants du haut de ses cent mètres. On a reconstruit le sémaphore détruit pendant la Seconde Guerre mondiale.

Crozon est au carrefour des routes de Camaret et de Morgat. Nous avons dit un mot de Camaret. Morgat doit à son ample plage de sable fin, à ses grottes nombreuses (une cinquantaine), à leur complexe architecture et à leur polychromie naturelle, d'être devenu un lieu de repos et de rencontre. D'autre part, la douceur du climat a transformé cette conque abritée en une oasis côtière où le port de pêche prend de plus en plus d'extension.

En un autre creux de la côte crozonnaise, au fond le plus reculé de la rade de Brest, Landévennec est à peine plus accessible qu'au temps des moines. Ce fut un des foyers spirituels de la Bretagne, le plus vénérable par son antiquité. Saccagée, rasée au IXe siècle par les pirates normands, l'abbaye fut plusieurs fois reconstruite. De son église, on ne voit plus que quelques piliers couchés dans l'herbe, quelques dalles, une statue. Tout a été démoli sous la Terreur, et voici que tout renaît. Les religieux de Kerbénéat ont entrepris cette résurrection et ont ranimé la vie monastique dans l'antique fondation de saint Guénolé.

226

224

225

227

Presque toute la rive cornouaillaise de la rade de Brest jouit d'une parfaite douceur. Mais un vieux fortin, un lazaret, et la base du Poulmic, où s'est transportée l'École navale, sont là pour inviter à la gravité.

Un îlot, dans l'anse de Quélern, s'appelle l'île des Morts. De Quélern même, un chemin grimpe au flanc de la falaise de Roscanvel jusqu'au terrain interdit que défendirent si vaillamment, par le boueux automne de 1594, contre les Anglais de Forbisher et les Français d'Aumont, les Espagnols de Paredes : pointe des Espagnols, c'est toujours son nom. On tourne à l'ouest pour descendre à la grève de Trez-Rouz, illustrée par un autre combat, ou pour remonter jusqu'au delà de la pointe des Capucins. La falaise est abrupte. Tout en bas, ce détroit d'eau remuante, c'est le goulet. Au-delà, cette tache gris argent, qui monte et s'étale sur un plateau, c'est Brest. Il n'y a, pour y arriver, qu'un Bosphore ponantais à franchir. Mais point d'embarcadère ni de passeur. Il faut faire le grand tour, par les deux ponts de Térénez et de Plougastel.

Le premier, suspendu aux rives escarpées de l'Aulne, un peu en avant la boucle de l'estuaire, ne dépare pas l'un des sites les plus grandioses de la Bretagne. La route, après un grand kilomètre en corniche, coupe directement pour gagner Le Faou. Le petit port jadis seigneurial, massé derrière une église quatre fois séculaire, a de vieilles maisons. Une route, à droite, mènerait à Rumengol, où Notre-Dame-de-Tout-Remède a un sanctuaire gothique touché des grâces de la Renaissance, et un grand pardon printanier. A droite aussi, la route de Brest laisse la forêt du Gars, où vécut saint Conval. Effleurant au passage, sur la gauche, l'anse de Kérousel et le village de l'Hôpital-Camfrout que signale une jolie église, ignorant les carrières de fin granit gris fer qu'on exploite de Logonna à Kersanton, elle pénètre à Daoulas, autre cité d'autrefois, où Flaubert dîna mal, dormit peu, resta beaucoup et oublia de voir ce qui l'aurait charmé : les restes encore appréciables d'une abbaye d'Augustins, les arcades si élégantes du cloître roman, l'adorable fontaine Notre-Dame, large comme une piscine des premiers baptistères, et, autour des vieilles pierres sacrées, ou entre elles, la flore la plus merveilleuse : des hortensias à foison, des arbres de Judée.

L'ancienne route de Brest passe par Landerneau. Landerneau fut le chef-lieu du Finistère sous la Terreur, parce que la Montagne en voulait à Quimper d'être girondin. Bâti sur les deux rives de l'Élorn, il a un quai de Cornouailles, un quai de Léon, une église Renaissance rive gauche, qui est Saint-Thomas, une église Renaissance (mais reconstruite) rive droite, qui est Saint-Houardon, d'une rive à l'autre un vieux pont surmonté lui-même de vieux logis. Port autrefois actif, Landerneau ne reçoit plus qu'un tout petit cabotage. Mais c'est loin d'être une ville morte, et l'on y fait encore un beau bruit, les jours de marché et de foire, car la culture en serre des primeurs, fruits et légumes enrichit la contrée.

Par le pont de l'Élorn, on longe le pays de la fraise importée du Chili au début du XIXe siècle. Elle prospère sur le versant méridional de la presqu'île, en de tièdes vallons, autour des anses bien abritées que le flot y creuse, et par larges champs que fertilise l'engrais marin ou chimique. Une population d'horticulteurs syndiqués, dont l'exemple suffit à corriger les idées toutes faites sur le particularisme et l'individualisme bretons, est d'ailleurs l'une des plus attachées qui soient à sa langue, à ses usages, à ses croyances, à ses costumes : celui des femmes un peu différent selon qu'on est épouse ou jeune fille, selon qu'on est un jour ouvrable ou férié, des plus chatoyants du Finistère. Un témoin de cette fidélité, c'est l'ample et magnifique ex-voto de granit que constitue le calvaire érigé au bourg même, il y a près de quatre cents ans, après les ravages d'une peste. Lui, non plus, la guerre ne l'a pas épargné : on l'a réparé le mieux possible, comme l'église plus durement touchée. Depuis longtemps « le Plougastel » passait l'eau pour aller aux halles de Brest vendre ses fruits, qui n'étaient pas primitivement des fraises. Il la passait sur sa propre barque : il reste le principal navigateur de cette petite mer fermée, la rade. C'est aussi un pêcheur : des coquillages — huîtres, praires, palourdes, pétoncles, coquilles Saint-Jacques — tapissent les fonds de l'anse de Poulmic et des estuaires de l'Aulne et de l'Élorn. Une douzaine de ports de pêche minuscules, tous si pittoresques, si joliment familiers, font le tour de la presqu'île, plus rares cependant sur la côte nord, où la falaise est généralement abrupte, accidentée de hautes roches à mine de châteaux ruinés, dont plusieurs ont leur légende, et l'une son histoire : la Roche de l'Impératrice, où vint réellement et incognito, en 1858, l'impératrice Eugénie, lors de son voyage en Bretagne avec l'Empereur.

A leur pied s'amorce, puis s'allonge jusqu'à l'ancienne pinède de la pointe Sainte-Barbe l'immense pont de Plougastel, qui réussit, malgré le ciment, à n'être pas d'aspect misérable dans un paysage plein de grandeur.

L'air qui circule au dessus du parapet, le vent qui tombe sur vos épaules comme une masse, ont un goût d'inquiétude, de fatalité et d'héroïsme, annonciateur du grand port déjà entrevu.

Vieux Brest, dure cité militaire et marine,

a dit un de ses fils, le poète Frédéric Plessis. Ce fut aussi la patrie de Claire de Kersaint, comtesse de Duras, de Marie Lenéru, de Victor Ségalen, de Louis Hémon, de Joseph Créac'h, du musicien amiral Jean Cras. Ne les a-t-elle pas marqués de son signe ? A-t-elle laissé indifférent aucun des hommes d'imagination qui sont venus à elle, qui ont vécu chez elle ? Presque tous ceux qui ont parlé d'elle ont, comme Plessis, mis l'accent sur sa dureté, sa tristesse : après Michelet et Loti, André Chevrillon, Pierre Mac-Orlan, François Ménez, Joseph Créac'h. C'était aussi le port de France où l'on voyait le plus de retraités de la Marine, vieux amiraux ou anciens gabiers. Le joli hôtel où mourut Lamotte-Picquet était là pour l'exemple. Et de futurs marins, les Pupilles, avant d'avoir leur maison à la Villeneuve, sur une rive verdoyante de la Penfeld, l'avaient eue longtemps en pleine ville, dans un ancien séminaire d'aumôniers de vaisseaux.

Mais ce vieux Brest n'existe plus. Les bombardements anglais poursuivis jusqu'au départ du *Scharnhorst* et du *Gneisenau*, puis la bataille finale entre Américains et Allemands : bombes, obus, mines, ont accompli l'œuvre de destruction. Dans cette ruine générale sont restés debout par miracle la grande rue de l'arsenal, le monument de la Consulaire et le château, cruellement frappé et actuellement réparé, devenu Préfecture maritime.

Les dégâts, à Recouvrance, ont été à peine moindres. Hors les murs, des quartiers ont également souffert. Aux Quatre-Pompes, un Collège naval, équivalent pour la Marine du Prytanée de La Flèche, a remplacé l'École navale qui a été reconstruite dans l'anse de Poulmic, sur l'autre rive de la rade.

Quelle que soit la piété des reconstructeurs envers un passé qui a son histoire, leurs plans, commandés par des soucis d'urbanisme, d'économie et d'urgence, n'envisageaient pas une restauration exacte. Il fallait tirer parti de ce champ de ruines. Le cœur de Brest a été transformé. L'hôtel de ville s'insère dans l'axe de la rue du Siam agrandie. On a multiplié les jardins, les espaces verts, devant la gare comme au long du cours d'Ajot. Saint-Pierre Quilbignon, Saint-Marc, Lambézellec font désormais partie du grand Brest. Les églises reconstruites ne manquent pas de valeur.

Brest est maintenant une grande ville, plus blanche, plus gaie, en pleine extension. Sur le plateau de Bouguen, l'université de Basse-Bretagne groupe des milliers d'étudiants. Les industries se multiplient. Une raffinerie de grande capacité, un chantier de réparation des plus vastes pétroliers sont prévus. La zone industrielle de Kergonan et de Saint-Pierre accueille l'électronique. Le port de commerce enfin, dont l'extension se poursuit vers l'est avec la construction de la seconde forme de radoub et le comblement de l'anse de Saint-Marc. Deux stations de soutage et dégazage, d'importants chantiers de réparations navales font de Brest « la Station-Service de l'Atlantique », cependant que ses eaux profondes permettent, au profit de ports moins bien dotés, l'éclatement d'énormes cargaisons charbonnières ou minéralières acheminées par navires gros porteurs à rotations rapides.

Quoique la ville fût peu ancienne, elle avait gardé longtemps, avec Recouvrance, quelque chose d'archaïque qu'elle pouvait avoir quand l'empereur Joseph II y vint incognito. Puis elle adopta le classicisme de son arsenal, fort acceptable ainsi, bien moins sombre et morose que ne le voulait une tradition dont Michelet paraît le principal responsable. Le pic du démolisseur était en 1939 suspendu sur ses remparts, où de larges jours avaient été pratiqués à la place des portes. Les obus et les bombes ont simplifié la besogne. Plus d'un regrettera cette verte ceinture, où tant de mélancolies paysannes trouvèrent asile. Brest avait partiellement urbanisé sa banlieue. Mais une fraîcheur idyllique persiste en mainte trouée, à Penfeld, à la Villeneuve, à l'anse de Kerhuon, qu'enjambe un viaduc, à Sainte-Anne du Porzic, particulièrement chère aux cœurs brestois. Les dimanches et les jours de fête, pour peu que le soleil brille, le chemin en corniche qui zigzague jusqu'à

CARNAC
228. Les alignements de Kermario

Sainte-Anne grouille de promeneurs. La chapelle est sans style. Mais le vallon qui descend sous de beaux arbres jusqu'à la grève est délicieux et l'on a de là le plus noble des horizons.

LE LÉON

On ne peut nier que le Léon soit un peu monotone. Au nord de l'Élorn et de Brest, ce n'est qu'un plateau à peine ondulé, haut de soixante à cent mètres. Il se relève un peu à l'est. Vers la côte surtout, il paraît bien nu. Est-ce la faute du noroît ? On hésite à le croire, quand on voit les beaux parcs et les allées d'arbres de certains châteaux, exposés pourtant à son souffle. Le seul nom du Folgoët (*coët* ou *coat* veut dire bois) témoigne qu'il y eut un Léon plus boisé que celui d'aujourd'hui. Mais le paysan veut du blé, du fourrage, des légumes, et nous avons ici une sorte de Beauce bretonne, où les routes s'allongent entre des murets uniformément crêtés d'ajoncs. Par la valeur de sa production agricole, le Finistère se classe au troisième rang des départements français. Les centres d'études techniques agricoles (C. E. T. A.) se sont multipliés plus que partout ailleurs. Le Finistère surtout, le Morbihan et les Côtes-du-Nord totalisent une grande partie de la production nationale. L'élevage avicole est considérable, celui du porc très développé. Citons aussi les cultures maraîchères (petits pois, haricots verts qui vont aux conserveurs) et les céréales qui ont pratiquement passé du simple au double. Des ventes difficiles, des cours médiocres peuvent provoquer des manifestations paysannes. Les paysans sont à la pointe du combat économique.

Les gens paraissent avoir façonné cette terre à leur image. Tous et toutes ont la même gravité, la même politesse sans servilité. Et cela se retrouve encore dans leur dialecte où toutes les syllabes comptent, le plus pur des quatre, le moins contracté. On dirait qu'après tant de siècles le pays se ressent de cette discipline romaine qu'évoque son nom : Léon, Légion. Comme Caerléon en pays gallois, Saint-Pol — ou Kastel-Pol — fut un camp romain. Une pierre milliaire trouvée à Kerscao, en Saint-Frégant, rappelle la tutelle des Césars.

Terre de discipline, le Léon n'est pas une terre de sujétion, et les Allemands qui l'occupèrent le virent bien. Carantec, notamment, fut un des ports de la Résistance.

Pour ne pas trop simplifier, distinguons entre un Haut et un Bas-Léon. Le Haut-Léon, comprenant les vallées supérieures de l'Élorn, du Kefflut, de la Penzé, est un grand pays, avec des sites pleins de charme. Toute la vallée de l'Élorn est fraîche, ombreuse, d'une grâce sauvage, et cela en aval même de Landerneau.

Plus près de la mer, il suffit d'un peu d'abri pour que la nudité léonaise, comme celle du Cap Sizun, s'égaie de feuillage. Ainsi en est-il au Trez-Hir, sur l'anse de Bertheaume; à Trébabu, sur la rivière du Conquet; à Kersaint, sur l'anse de Portsall. Ainsi, à plus forte raison, dans le creux de certains *aber* à Lamildut, à Tréglonou sur l'Aber-Benoît, à Paluden sur l'Aber-Wrac'h. Çà et là, une ferme, à l'improviste, se pare d'un luxe végétal à faible distance de la mer. C'est pourtant une côte qui reste farouche, toute en falaises, en roches, ou en dunes, elle a cependant quelques ports, deux entre autres : Le Conquet et Roscoff.

Deux noms historiques, évocateurs d'un fier passé. Le Conquet, ruiné par les Anglais au XVIe siècle, accueillit des vaisseaux. Ce n'est plus qu'un abri de pêcheurs, une escale sur la ligne de Brest à Ouessant, un poste de secours pour les bateaux en péril. On y pêche homards et langoustes. La plage est fort aimée des Brestois.

Roscoff, station sanitaire grâce à une douceur de climat dont répond un figuier géant, station de pisciculture, est aussi un port de pêche et, depuis 1830 environ, un curieux port maraîcher, qui ravitaille l'Angleterre en oignons, pommes de terre hâtives et choux-fleurs. Depuis peu, il lui exporte aussi artichauts et aussi en Belgique, en Allemagne, et en Suisse. Jadis il a connu l'aventure maritime, la grande pêche, la course, la contrebande. Les nefs sculptées sur son église le rappellent. C'est là que débarquèrent Marie Stuart venant ceindre la couronne de France, et l'infortuné Charles-Édouard après avoir perdu celle d'Écosse; là que louvoyait sur son cotre Tristan Corbière, dont on n'a pas oublié certaine « berceuse en nord-ouest mineur au vieux Roscoff ».

L'établissement hélio-marin de Roscoff jouit d'une juste réputation. Quant au trafic maritime, il ne cesse de développer son activité et la création d'un nouveau port en eau profonde pour un service de car-ferry régulier vers la Grande-Bretagne remplace les « *Johnnies-onions* » d'autrefois.

L'Aber-Wrac'h fut longtemps un port de cabotage et presque un port de guerre, qui avait pour défense avancée le fort Cézon : c'est aujourd'hui un port de homardiers et de goémoniers, comme Argenton, Porspoder, Portsall et Brignogan. Le goémon se pêche sur toute cette côte rocheuse, mais encore mieux dans la chaussée d'Ouessant, à Bannec, Balanec, Quéménès, Béniguet, Triélen, où émigre entre mars et octobre tout un peuple de pigouliers. Ainsi les nomment les gens de Molène, parce qu'ils vivent dans la fumée de leur goémon comme les calfats dans celle de leurs pigoulières. Une pêche qu'on dit rémunératrice fut celle des épaves. Si Plouguerneau est la capitale du goémon, Kerlouan passait autrefois pour celle du bris. La police est aujourd'hui mieux faite, entre les grèves de Guissény et la pointe de Pontusval, qu'au temps où Tanguy Malmanche y faisait représenter son drame, *Les Païens (pagans* en breton) sur un théâtre de Paris; mais sur quelle côte de France ou d'ailleurs n'y eut-il pas un peu de pillage ?

Il est étrange qu'il faille passer l'eau et débarquer à Molène pour trouver le coude à coude d'un village de pêcheurs. En dehors de la pêche qui est surtout celle des crustacés, les Molénais n'ont que quelques arpents de terre maigre, qu'ils grattent et fument de leur mieux pour y faire pousser un peu d'orge et de pommes de terre. Leurs vaches, pour trouver un supplément de pâture, vont à basse mer jusqu'à la voisine Lédénès. La typhoïde a ravagé Molène en 1877, le choléra en 1893 : mais l'îlot ne se dépeuple pas, au centre de remous et de gouffres où son canot de sauvetage a de quoi faire. A l'approche des Allemands, en juin 1940, il prit le bon parti : il fila, comme les bateaux de Sein, vers l'Angleterre.

Ouessant a une réputation sinistre, en partie due aux écrivains. En réalité, *Enez Eussa* ne signifie pas l'île de l'Épouvante mais, tout bonnement, la plus haute, car elle domine un peu — cinquante à soixante mètres — Molène et ses voisines. Les gens de l'île ne sont pas tristes : le *fest an oc'h* festin du cochon — n'y est pas une cérémonie funèbre. Les jeunes filles à la coiffe latine et aux cheveux flottants ont, comme d'autres, un souci d'élégance, bien que là aussi, la banalité de la mise s'affirme. Abstraction faite des brumes et des bourrasques, l'île jouit d'un doux climat qui permet aux agaves et aux aloès de prospérer dans les petits jardins de Lampaul. Et, disons-le, c'est une île surtout terrienne. Des navigateurs, oui, mais qui ont ailleurs leur port d'attache. Il n'y a pas de port à Ouessant, à peine deux ou trois criques peu sûres, et très peu de bateaux en dehors du canot de sauvetage à Porspaul, qu'il n'est pas souvent facile de mettre à l'eau. Il y en avait un autre dans l'anse du Stiff : il n'y en a plus, faute d'équipage. L'île vit, du moins en partie, de son orge moulu, de ses pommes de terre, du lait de quelques vaches, de la chair et de la laine de ses nombreux petits moutons jadis très petits qu'est venue renforcer une race un peu plus grande. Elle avait autrefois des chevaux nains, pareils aux poneys des Shetland. Elle n'a plus que ces moutons, répandus dans le vaste pré indivis qu'est la majeure partie du plateau, broutant l'herbe drue et aromatique, et disposant, pour se garer des coups de vent ou des coups de soleil — oui, de soleil — de petits talus protecteurs.

Un grand pré salé, un peu de terre arable, un ruisseau que l'hiver rend marécageux, un bourg propret autour d'une église moderne, des hameaux épars, voilà Ouessant. Mais non : Ouessant, vigie de granit en avant du vieux monde, ce sont d'abord ses deux phares, le Stiff, Créac'h, et les phares voisins, en pleine houle.

Saint Pol, évangélisateur du Léon, avait débarqué à Ouessant. C'est à Batz qu'il mourut, après de grands miracles dont le plus signalé fut de noyer par persuasion un dragon dévastateur : une chapelle, le Pénity, et un nom de rocher, *Toul ar Serpant*, rappellent ce haut fait. Batz n'est pas seulement le brise-lames de Roscoff; mais, pourvu d'un bon port et peuplé de bons pêcheurs que le *calaboussen*[1] d'hiver rend pittoresques, c'est encore un bon potager avec une terre légère engraissée de goémon recueilli pour les cures marines de Roscoff. Entre le Trez-Hir, plage des Brestois et Carantec, plage des Morlaisiens, Landerneau avait choisi Brignogan. Les trois ont étendu leur clientèle. A Porspoder, la rue en corniche est dans l'embrun

1. Court manteau à capuchon.

dès que la mer brise : ne peuvent venir là que des amis sincères du vent, de la lumière et de l'eau. De même à Argenton, qui a du sable, des dunes, l'île d'Iok en face et le phare du Four sur son écueil. De même à Portsall, dont la forte barre de rochers rappelle Penmarc'h. Les grèves sablonneuses de Santec, de Kernic, de Goulven, les pointes de Pontusval et de Corsen restent à peu près inviolées. Vous pouvez, au crépuscule, choisir votre place de spectateur aux Blancs-Sablons, et admirer à contre-jour le déferlement des lames sur cette plage unique. Vous pouvez jouir de votre solitude au moins les trois quarts de l'année, de même sur les plages de Tréompan, de Lampaul ou sur celle de Sainte-Marguerite. Vous pouvez, ayant devant les yeux le plus haut phare d'Europe, celui de l'Ile Vierge, mener entre Lilia et le Corréjou une vie d'ermite, à l'imitation du bienheureux Michel Le Nobletz, enfant de Plouguerneau. Quant à Brignogan, son centre nautique et son école de voile attirent de plus en plus les amateurs de navigation.

De Plouescat à Saint-Pol, y compris Roscoff, le littoral du Léon est surtout un potager. Comme les fraisiéristes de Plougastel, les maraîchers de ce pays sont des exportateurs ingénieux. Les *Johnnys* roscovites, qui vont chaque année vendre leurs oignons de l'autre côté de la Manche, sont populaires dans le Royaume-Uni. Cet entregent n'est pas une spécialité des riverains : allez chez les agriculteurs du haut pays : riches, fiers, sérieux, instruits ils forment une véritable aristocratie paysanne, installée en ses fermes comme en des manoirs, et adonnée à l'élevage de l'animal noble par excellence : le cheval est la gloire du Léon.

Si le Finistère est de loin le premier département de France dans cet élevage — du moins quant au nombre des élèves —, c'est au Léon surtout qu'il le doit. De robe grise, isabelle et plus souvent alezane, avec une crinière pâle, une fine tête, une encolure puissante, une croupe généreuse et fortement ensellée, le cheval léonais aurait pu servir de modèle à ceux qu'on voit dans les tableaux militaires des XVIIe et XVIIIe siècles. Pas une fête en ce pays sans qu'il en soit. Que de concours, de courses, de marchés et de foires ! Celle de la Saint-Mathieu, à Landivisiau, est célèbre; la Foire-Haute, à Morlaix, encore davantage. Étalons et pouliches, il y a plaisir à les voir ces jours-là, soignés, lustrés, la queue tressée, et souvent la crinière, orgueil des maîtres et des valets qui les tiennent par la bride, objets de marchandages passionnés entre l'éleveur en blouse noire et le maquignon en blouse bleue.

Le Léon, riche en chevaux même aujourd'hui avec la concurrence du tracteur qui en a diminué le nombre (le cheval de trait léonard reste le premier de France) n'est pas pauvre non plus en bovins. Il nourrit quelques moutons et des légions de porcs. Il ne manque pas de blé. Bref, un pays rural par excellence. Ses vrais maîtres, ce sont les paysans. Donc, point de grande ville, hormis Brest, que sa fonction de port militaire met à part. Saint-Pol eut son évêché sous l'Ancien Régime, Saint-Renan sa cour de justice. Quelques vieilles maisons classées, dans l'une et l'autre ville, rappellent cette lointaine importance. Plouescat possède de belles halles du XVe siècle, Lesneven un collège ecclésiastique établi dans un couvent du XVIIe siècle.

A défaut de villes, abondance de châteaux. Saluons d'abord les ruines : au bord de la mer sauvage, Trémazan, qui fut à la puissante famille Du Chastel; La Roche-Maurice (ou plutôt Morvan) sur une falaise de la rive gauche de l'Élorn; en aval et sur la rive droite, Joyeuse-Garde, où Arthur eut, dit-on, sa Table-Ronde; en amont, Brézal, qui hébergea sous Louis XVI le comte d'Artois et le duc de Chartres; plus loin sur le plateau Kergournadec'h, dont les hautes cheminées Louis XIII et les murs de grand appareil font parmi les ronces, le lierre et les arbres une tache du plus bel argent patiné. Penhoat dresse encore deux tours sur la Penzé, et Maillé au sud de Plouescat, Mezléan en Gouesnou, Kergroadès, Keruzoret, Kermenguy, beaucoup d'autres sont toujours habités. Kéroual sur la route de Brest à Guilers, fut cinquante ans la demeure de la toujours belle duchesse de Portsmouth. Les incendiaires l'ont brûlé en 1944. Reste le parc, plein de mystère. Ancienne maison historique, Mézarnou dont La Fontenelle enleva l'héritière pour en faire sa femme, est aujourd'hui une ferme. Kérouzéré, en Sibiril, cruellement pillé au temps de la Ligue par des paysans mutinés, a gardé à peu près intacte son élégance. Un Penmarc'h, celui peut-être où Tristan attendit Yseult, en partie brûlé en 1715, est devenu l'aérium de la ville de Brest. On a fait un musée de Kerjean, lui aussi mutilé par un incendie, mais encore imposant, harmonieux, pur chef-d'œuvre de la Renaissance bretonne.

Au voisinage de la mer et de la montagne, cette terre avait deux maisons pieuses, bénédictines l'une et l'autre : à Saint-Mathieu, du monastère fondé au VIe siècle par saint Tanguy, il ne reste que des ruines, importantes il est vrai, de la vaste église abbatiale et de la tour massive où les moines entretenaient le feu précurseur du phare actuel; au Relecq, dans un site d'une fraîcheur bénie où serpente le Keffleut naissant, l'église est toujours debout : la hauteur inusitée de sa nef, les vestiges du cloître, une monumentale fontaine du XVIIe siècle laissent penser que ces religieux n'étaient pas de médiocres sires. Pierre, le Léonard a longtemps gardé costumes et traditions. Les pardons de Notre-Dame du Folgoët ou de Saint-Pol rassemblent encore des centaines de pèlerins, mais peu de costumes traditionnels.

Malgré sa piété, le Léon a des chapelles en ruines : celle de Pont-Christ, étant au bord d'une grand-route, reçoit de nombreuses visites dont elle est digne par elle-même et par son décor d'arbres et d'eau. Certains bourgs, dans le Bas-Léon surtout, ont de grandes églises neuves, bien bâties, parfaitement tenues. Combien plus touchantes, en ces paroisses de la côte, d'anciennes chapelles comme Notre-Dame du Val ou Notre-Dame du Traon (*traon*, c'est encore Val en breton), tout humble entre une fontaine sacrée et le ruisseau qui descend à l'Aber-Wrac'h. L'île Callot, près de Carantec, a aussi une Notre-Dame. Saint-Guévroc en Tréflez, la chapelle du Grouanec sont d'une nudité accordée au site.

Du haut d'un sommet de l'Aré, regardons, par temps clair, le Léon, s'étendre : les clochers pointent de partout. Avec quel amour ils furent sculptés, ajourés, parés de balcons, de lanternons, de clochetons, de fléchettes ! Ils ne sont que l'accent suprême d'un ensemble monumental où le vaisseau de l'église, généralement flanqué au midi d'un porche grandiose, a encore pour annexes l'ossuaire, le calvaire, la sacristie, l'arc de triomphe. A l'intérieur de la nef, quelles merveilles d'ébénisterie, quelles chaires, quels fonts à baldaquin, quelles poutres de gloire sculptées et peintes, quels jubés, quels retables, quels trésors !

On sait à quelle sainte émulation on doit les chefs-d'œuvre de Saint-Thégonnec, de Guimiliau, de Lampaul-Guimiliau, de Sizun. Commana, moins souvent cité, le plus haut lieu saint du Léon, en possède l'un des plus majestueux et des plus hardis, si pur au milieu d'un cimetière en plein bourg ! A Bodilis, à Ploudiry, à Lanhouarneau, à Trémaouézan, on peut admirer des porches du meilleur goût classique. Sur la côte, l'église de Roscoff, dorée intérieurement comme une église d'Espagne, est une réussite bretonne du XVIe siècle. Tandis que la plupart des fontaines cornouaillaises sont à gable gothique, beaucoup de celles du Léon, par exemple à Saint-Jaoua en Plouvien, à Tréflez, à Gouesnou, sont conçues dans le style de la Renaissance ou des siècles suivants. Celle de Notre-Dame de Berven est bien connue. Toutes ces fontaines, d'une simplicité qui pourrait être un peu sèche, doivent au grain et au ton de la pierre, veloutée par la mousse, argentée par les lichens, un pittoresque inespéré.

L'art gothique n'est pas médiocrement représenté non plus au Léon. Notre-Dame du Folgoët, bien qu'il lui manque une flèche, a une harmonie qui se passe de la symétrie. La finesse a permis aux vieux imagiers d'y réussir des prouesses soit dans les statues de l'extérieur, soit dans le jubé amoureusement travaillé que Mérimée lui-même, si sévère pour la sculpture bretonne, n'a pu se tenir d'admirer. Il aurait pu voir à Lambader un jubé de bois non moins prodigieux. Saluons enfin l'église paroissiale de Saint-Pol, cathédrale jusqu'à la Révolution. Elle est de style normand et, cas rarissime, la nef est en calcaire de Caen. Ses deux flèches paraissent courtes, comparées à celle de Notre-Dame du Kreisker, la plus haute, la plus élancée de toutes celles du Léon, avec son air de porter au ciel le *Magnificat* d'un peuple de fidèles.

Ce n'est pas à des émotions de cette sorte que Flaubert était le plus enclin. Cependant le pays qui a une pareille collection de monuments religieux, de mégalithes, le plus haut menhir du Finistère (celui de Kerloas), la plus complète allée couverte (celle du Mougau), des plages d'un si beau sable, des roches d'un si beau granit, cette chaîne d'îles et d'écueils au long de ses côtes, tant de légendes, tant d'activité en ses champs jointes à tant de spiritualité, ne dites plus, ô Flaubert, qu'il est ennuyeux « à périr ».

DE MORLAIX A GUINGAMP

Morlaix est léonard et trégorrois. Son bassin à flot a un quai de Léon, un quai de Tréguier. De ses trois paroisses, l'une, Saint-Martin-des-Champs, relevait de Saint-Pol; les deux autres, Saint-Mathieu et Saint-Melaine, de Tréguier. Sa Foire-Haute, où se donnaient rendez-vous 3 000 chevaux (bien moins qu'autrefois) était une apothéose de l'élevage léonais. Quant à l'esprit, on serait tenté de le dire trégorrois, si l'on entend par là quelque chose de plus imaginatif, de plus vif et de plus léger. Telles la grâce d'Albert Le Grand, historiographe des « saints patriotes de la Bretagne armorique », l'amère fantaisie de Tristan Corbière, et même la facile abondance du conteur Émile Souvestre.

Morlaix, vieux poste gallo-romain, cité-confluent comme Quimper, c'est d'abord un pont dans la vallée étroite, assez étroite pour qu'un audacieux viaduc, depuis 1861, double le pont. Un pont et, naturellement, un port. Sur les rives du Keffleut et du Jarlot unis pour descendre à la Manche, il y a juste la place des magasins, des bureaux, des maisons de courtiers et d'armateurs. Nicolas Coatanlem, que connut peut-être Christophe Colomb, et Charles Cornic, l'officier bleu, ont pris là le goût des bateaux. Là fut construite, à la demande de Louis XII et de la reine Anne, la caraque *la Cordelière*, dont l'héroïque fin a rendu célèbre le nom de son capitaine Hervé de Porsmeguer — Primauguet, comme on prononce en français. La ville se tasse derrière comme elle peut, grimpe par rampes et escaliers jusqu'au rebord du plateau, jadis protégée par une citadelle et des murailles. Elle fut longtemps la troisième de Bretagne en importance, après Nantes et Rennes, avant Saint-Malo. Les Anglais la maltraitent en 1522, pendant que ses marchands sont à la foire de Noyal, près de Pontivy, et ses gentilshommes à une montre — autrement dit à une revue d'armes — à Guingamp. Mais elle se venge sur leur arrière-garde dans le bois du Stivel et construit le château du Taureau, à l'entrée de la rivière, pour se garder à l'avenir de pareilles surprises. Sous cette protection, le long-cours et le cabotage enrichissent le port, auquel la guerre de course apporte en supplément ses aubaines et ses aléas. Il exporte assidûment les toiles de lin et de chanvre, le miel, le beurre, la cire, les poissons secs, les papiers, les cuirs. Et une manufacture de tabacs s'y installe, qui eut pour directeur le père de Dupleix. C'est à ce Morlaix des affaires qu'appartenait le général Moreau.

Il y a deux ou trois endroits où Morlaix semble encore une ville du XVIe siècle, avec des rues sinueuses qui s'appellent rue au Beurre, rue au Fil, rue des Fontaines, rue des Vignes, une venelle aux Archers, une venelle au Son, une place des Jacobins, et de charmantes maisons aux boiseries sculptées. L'ancienne église des Dominicains est devenue musée. Morlaix, dont le trafic diminua après 1750 (c'était guerre sur mer), était en pleine décadence sous l'Empire et la Restauration, et menait alors une petite vie. Affaires médiocres, mauvaises finances, chômage endémique et mendicité. Le retour de la prospérité s'est signalé par des démolitions : l'ancienne maison de ville, des portes, une tour du château furent sacrifiées. Le donjon, depuis longtemps malade, avait été condamné dès 1808. La collégiale de Notre-Dame du Mur a disparu. On a reconstruit Saint-Mathieu et Saint-Martin. Saint-Melaine est resté à peu près intact au haut d'une ruelle tout en marches. Le cours du Keffleut a été rendu en partie souterrain. En revanche, un théâtre a été édifié, grâce à un généreux donateur, Ange de Guernisac, dont une rue pittoresque a reçu le nom. Aujourd'hui, le port abrite surtout des plaisanciers. Le plateau s'est couvert d'ensembles urbains, les routes principales sont détournées, par d'importants travaux, du cœur de la ville. Un robuste pont autoroutier a été lancé sur la rivière en aval de celui du chemin de fer.

Le Jarlot, mais surtout le Keffleut, faisaient jadis tourner la roue d'une douzaine de moulins à papier dont il ne reste que des ruines. Des châteaux bordent ces rivières dont le principal, de noble style classique, est celui de Lesquiffou. En remontant la vallée du Jarlot, on se rapproche de Plougonven, qui a un beau calvaire du XVIe siècle et, pour le salut des corps, un sanatorium du XXe. En aval de Morlaix, la rivière s'élargit, entre l'aimable Locquénolé, sur la rive peu léonaise du Léon, qu'une route suit sous de beaux ombrages en direction de Carantec, et le petit port de pêche du Dourduff, au débouché de l'affluent de même nom. Des hauteurs verdoyantes de Ploujean, l'estuaire se découvre dans toute son ampleur, mais barré au loin par une ligne de roches monumentales, au milieu desquelles le château semble rocher lui-même. Les Morlaisiens, qui l'avaient bâti pour eux, durent le céder au Roi-Soleil. On en fit une Bastille maritime.

Au delà du Dourduff et jusqu'à la Manche sinue un *Armor* de grand caractère. L'une de ses combes, la plus fréquentée, la plus accueillante, est celle de Saint-Jean-du-Doigt. La paroisse s'appela d'abord Traoun-Meriadec — le val de Mériadec — et l'église primitive était dédiée à ce saint breton, dont on a toujours le crâne, enfermé dans un chef d'argent. Un autre reliquaire, d'argent aussi, garde un bras de saint Maudez. Mais, si vénérables que soient ces reliques, pouvaient-elles l'être autant que l'index de Baptiste, qui désigna au bord du Jourdain l'Agneau de Dieu ? C'est cet index, du moins l'une de ses phalanges, que possède l'église depuis l'an de grâce 1437. Les trois reliquaires étaient portés en procession au pardon du 25 juin, derrière une croix à clochettes, don d'Anne de Bretagne. Il y a aussi à Saint-Jean-du-Doigt une fontaine célèbre à trois vasques superposées dont l'eau a de merveilleuses vertus. Aujourd'hui, le pardon, de régional qu'il était, est devenu presque local. La foi s'en va, si les kodaks se multiplient.

Des plages de galets et de sable, des rochers abrupts entre lesquels se logent de petits ports de pêche — le Diben, Primel, Locquirec —, des grottes aux riches colorations comme celle de Kerdren et de Beg-en-Fry, ont valu à cette côte des visiteurs dont plusieurs sont devenus des habitués. L'arrière-

229. CHATEAULIN : les bords de l'Aulne

MAISON DE LA PRESSE

230. CHATEAULIN : la chapelle Notre-Dame
231. CHATEAUNEUF-DU-FAOU. Chapelle des fonts baptismaux : peinture de Paul Sérusier

232.
LANNÉDERN.
L'enclos paroissial

233

234

235

233. BRASPARTS.
Le calvaire : saint Michel terrassant le dragon, Pietà et saintes femmes

LANNÉDERN

234. Pignon d'une fenêtre sud ; à gauche l' « Ankou »
235. L'ossuaire

236. Le mont SAINT-MICHEL de BRASPARTS

236

pays est l'un des plus bretons qui soient, l'un des plus riches en souvenirs, en ruines, en chapelles, en manoirs. Le gros bourg de Lanmeur garde en son église reconstruite un clocher du XVIIIe siècle et une crypte très ancienne, vouée à saint Mélar, qui fut prince en Cornouaille et martyr, et à Notre-Dame de Kernitron, édifice composite où les siècles du VIIe au XVe ont laissé leur marque, un portail roman au tympan ouvragé. Près de la route de Plestin, à droite, au bout d'une allée de hêtres, se cache un château du XVIe siècle admirablement conservé, Les Maës. Au fond de la baie de Primel se dresse le manoir de Tromelin.

Passé le Douron, on est au cœur du Trégor. C'est le pays de Renan, de Luzel, de Le Braz et de Le Goffic, du biologiste Félix Le Dantec. Quatre siècles plus tôt, c'est au manoir de Mezédern, en Plougonven, que naquit Lagadeux, l'auteur du vénérable *Catholicon,* rédigé en latin, en français, en breton, et imprimé, premier en Bretagne, sur les presses de Jean Calvez, à Tréguier. Et c'est là aussi que fut rééditée, vers le même temps, *La très ancienne coutume de Bretagne.*

L'arc de ce cercle littoral qui va de Plestin à Saint-Brieuc est un des rivages que les arts, les lettres, et même la science, ont élus. Le rail et la route aidant, la foule des touristes a suivi. Saint-Efflam et Saint-Michel-en-Grève, Trébeurden et Trégastel, Perros-Guirec et le Port-Blanc, Paimpol, Bréhat, jalonnent sur la portion bretonnante de la côte du nord cette affluence estivale qui ne cesse de s'accroître. Cet hommage flatteur a fait perdre un peu de leur charme à certains villages comme Saint-Michel-en-Grève et son cimetière marin, mais l'arrière-pays reste admirable. Les villas se sont multipliées. On aurait pu faire pis. Le dur granit rose ou bleu assure à beaucoup de ces constructions une dignité. Et tout n'est pas défloré sur ces rivages. On y trouve encore bien des coins d'aménité et de sauvagerie mêlées. Tel est le Dourven, à la pointe sud de l'échancrure où aboutit le Léguer, c'est-à-dire, en vieux celtique, le Fleuve (comme la Loire, que le latin écrivait *Liger*). Tel, sur la rive droite de l'estuaire, le Yaudet, lointaine vigie de la *Pax Romana* contre les pirates saxons. Tel encore Penvern, au bout d'un frais vallon sur la route de l'Ile-Grande, sanctifié par les sculptures pieuses et la croix du menhir de Saint-Duzec. De la terrasse que domine la flèche de La Clarté, d'une majesté rustique comme le dôme de Perros, on voit débouler jusqu'aux grèves de Ploumanac'h et de Trégastel un troupeau de pachydermes de granit. A Trégastel même, l'église à demi romane, l'ossuaire, le cimetière où le poète Le Goffic a sa tombe, composent un ensemble émouvant et d'un recueillement peu troublé. Sur la route de Penvénan à Port-Blanc, on jouit du plus bel horizon de mer, de grèves et d'îlots. A l'embouchure de la rivière de Tréguier, c'est un labyrinthe de roches, de plages, de chenaux, où l'île d'Er, sous une herbe rêche, semble un château ruiné. Le pays de Plougrescant, où la chapelle de Saint-Gonéry a mis son clocher de travers, fait toujours peur aux citadins, qui préfèrent une sauvagerie moins irréductible, et encore plus celui de Pleubian, avec

237. HUELGOAT : le chaos du Moulin

cette longue jetée terminale qu'est le Sillon de Talber, fréquenté aux grandes marées basses par une armée de goémoniers et exhalant presque à toute heure un épais relent d'algues mortes.

Réputée depuis plus d'un demi-siècle, la station balnéaire de Perros-Guirec s'est transformée, grâce à la proximité du C.N.E.T., en une véritable ville. Des quartiers nouveaux se sont créés. Un bassin à flot, près du Linkin, accueille plusieurs centaines de bateaux de plaisance et la thalassothérapie a fait son apparition.

Un chapelet d'îlots borde cette côte. L'Ile-Grande, vraie carrière de granit, n'est une île qu'à la façon de l'Ile-Tudy. Les Sept-Iles, désertées des hommes depuis le départ des religieux de l'Ile-aux-Moines, sont peuplées de goélands, de mouettes et de perroquets de mer, appelés au Trégor *calculos*. L'île Rouzic avec ses macareux, ses fous de Bassan, tous ces oiseaux migrateurs des mers arctiques, est devenue une réserve ornithologique unique en France — et interdite naturellement aux chasseurs. Plus loin, Bréhat armait pour les bancs de Terre-Neuve dès le XVe siècle. Aujourd'hui la végétation quasi-méridionale y attire des milliers de touristes, comme à Perros.

Ce qui rappelle le Midi, dans cet heureux climat, ce sont les pinèdes au bord des grèves, c'est la flore des jardins dans la partie sud de l'île. Au nord, vers la pointe du Paon, on retrouve le demi-désert, le sol arasé, la roche nue, l'embrun, l'écume, le hurlement des lames, une désolation magnifique.

Trégor ou Goëlo, la vie des ports s'y meut au ralenti. Le pêcheur ne vise plus guère qu'à l'approvisionnement du marché local. Locquémeau est le seul où, grâce à d'intermittentes apparitions de la sardine, la pêche puisse être abondante. Loguivy, niché au fond d'une anse près de l'embouchure du Trieux, a mieux que d'autres gardé son caractère. Paimpol, le port des Islandais, armait 75 goélettes en 1895, année record, et n'en avait plus que deux en 1935, une seule en 1936. On y a presque tout réparé des méfaits de la soldatesque, il garde son école d'hydrographie, justement réputée, le chalutage le ranime un peu et il s'y fait encore un peu de cabotage, grâce surtout, comme à Roscoff, aux primeurs de la bonne terre littorale, amendée par l'engrais marin. Il s'en fait à Perros, qui n'est pas entièrement acquis au tourisme. Il s'en fait dans les ports de rivière, avec discrétion. De loin en loin, une voile descendait le Trieux, un moteur crépitait au long des roches dénudées de l'Ile-à-Bois. En 1836, Tréguier construisait toute une flotte pour le compte du roi de France. Tréguier, La Roche-Derrien, qui eut Du Guesclin pour capitaine, Lézardrieux, Pontrieux, Lannion, ces petits ports au milieu des terres eurent de l'importance au temps des ducs, et l'on s'est battu pour leur possession avec entrain.

De belles églises, des logis à pignon sur rue perpétuent ce passé. A Lannion, patrie reconnaissante du Sire de Pontblanc et de Charles Le Goffic, les rues étroites qui montent du quai à la place, la place elle-même sont en partie bordées de ces pignons aigus, à boiseries visibles ou écailles d'ardoise.

Dans le faubourg de Brélévenez, une église romane se dresse au bout d'un escalier de cent quarante marches d'où l'on voit toute la ville se tasser entre des cimes bien agrestes et les eaux tranquilles du Léguer.

Lannion a vu, depuis quinze ans, maintes transformations. La population a triplé du fait de la proximité du C.N.E.T. Les faubourgs se hérissent de grands immeubles. Par chance, le centre garde tout son attrait et pendant l'été, la ville est le cœur de toutes les plages voisines.

L'implantation à Pleumeur-Bodou, du C.N.E.T. (Centre national d'études des télécommunications) chargé de réaliser une station de communications par satellites, fait de Lannion le point européen de réception des signaux téléphoniques et de télévision. Dès 1962, la station avait permis, au stade purement expérimental, l'échange des programmes de télévision entre Europe et U.S.A. Voici d'ailleurs les précisions communiquées par le C.N.E.T. :

« La station de télécommunications spatiales de Pleumeur-Bodou a été « conçue par le Centre National d'Études des Télécommunications.

« Construite dans un délai record (9 mois) d'octobre 1961 à juin 1962, « elle a permis, le 11 juillet 1962 à 0 h 47, de recevoir la première image « de télévision en provenance des U.S.A. et relayée par le satellite Telstar.

« Les télécommunications spatiales ont depuis lors beaucoup progressé. « Une véritable exploitation commerciale de circuits téléphoniques et de « télévision a pu être établie entre l'Amérique du Nord et l'Europe, cepen- « dant que se poursuivaient de nombreux et fructueux essais. Une deuxième, « puis une troisième antenne compléteront dans un avenir assez proche « l'équipement de la station de Pleumeur-Bodou. »

Quant à Tréguier, son visage a dû peu changer depuis que Renan y vécut sa studieuse enfance. Beaucoup de maisons d'autrefois, en pierres apparentes dans le trait de chaux qui les cerne, selon l'usage du Trégor. Beaucoup de fleurs aux fenêtres, des giroflées, des géraniums. Au bas d'une rue qui descend au port, deux tourelles a toit pointu semblent monter la garde. La cathédrale est toujours là, « chef-d'œuvre de légèreté », disait Renan, qui ajoutait : « fol essai pour réaliser en granit un idéal impossible, paradoxe architectural ». En réalité elle est très solide, fortement appuyée à ses arcs-boutants. N'était sa svelte flèche ajourée, de quatre ans à peine antérieure à notre Révolution (et n'est-ce point là le paradoxe ?), ses deux tours, avec leur aînée, celle dite d'Hastings, donneraient plutôt une idée de masse et de résistance, sans pourtant nuire à la dentelle des rosaces et des galeries.

Le cloître, avec la pelouse fleurie au milieu, respire la douceur de vivre en esprit. On y a depuis peu recueilli des gisants, ce qui en fait une sorte de musée de sculpture.

La statuaire moderne est représentée à Tréguier par l'émouvant monument aux morts de Francis Renaud, et par le groupe de Jean Boucher : Renan — un Renan de 1880 et non celui de 1850, qu'inspira la déesse Athéna. Toute la ville a fini par admettre son grand homme, dont la maison natale, devenue, comme celle de Rosmapamon en Louannec, lieu de pèlerinage, est entourée par elle de soins pieux. Mais la grande dévotion de Tréguier et de tout le Trégor, depuis six cents ans, c'est saint Yves, patron des pauvres et des avocats. Allez à son manoir natal de Kermartin, reconstruit en 1834, à Trédrez, à Louannec, dont il fut le recteur, là et partout vous retrouverez ce saint breton qui avait étudié à Paris et qui mit au service de la charité chrétienne un sens romain du droit. Il n'y a pas un saint comme lui en Bretagne, assure le cantique chanté tous les 19 mai à la vieille chapelle du Minihy. Cela n'empêcha point le bataillon d'Étampes, en 1794, de démolir le tombeau que le duc Jean V lui avait fait édifier avec le sien dans la cathédrale. On l'a reconstruit en 1890.

Dans le Bas-Trégor comme dans le Bas-Goëlo, que d'églises méritent un arrêt, comme celle de Lanloup ou de curieuses chapelles : les plus connues sont celles de Lanleff, une ruine, et de Kermaria-en-Isquit, aux fresques réputées.

Mais les routes, entre leurs murets régulièrement hérissés, comme ceux du Léon d'un ajonc que l'été défleurit, interdisent presque toute vue. Peu de bois sauf autour du château de Kerduel, le beau manoir du XVIIe siècle de Leslac'h en Plestin, La Roche-Jagu au bord du Trieux, Kéralio, Rosanbo dont la charmille et la terrasse aux caissons de buis sont des curiosités. Le plus pénétrant accord de feuillages et de pierres anciennes, c'est sur la côte du Goëlo qu'on le trouve, à l'ex-abbaye de Beauport. Bâtie au XIIIe siècle, rebâtie au XVIe, convertie sous la Révolution en fabrique de « poudre tyrannicide », elle est aujourd'hui propriété privée. L'église, sans toit ni vitraux, est un squelette magnifiquement drapé de lierre. Un grand logis classique ayant pour toute parure la coquille de ses lucarnes, est plus près de l'eau, au fond d'une anse à demi vaseuse et assez mélancolique à mer basse, mais que le flot ranime chaque jour. Le parc, le verger, le potager, le jardin, une petite rivière de l'autre côté de la route de Paimpol, un bois murmurant au bord de la rivière, toute cette douceur au voisinage de la mer, se fait d'autant plus apprécier que la côte de Plouézec est bien dépouillée, et qu'il n'y a guère comme arbres que des pins maritimes aux environs de Plourivo ainsi qu'aux abords de Paimpol.

Le haut pays est plus verdoyant, surtout à l'ouest. En amont de Lannion, le Léguer a une vallée pittoresque, avec des bois où se cachent deux ruines admirables, Coatfrec, qui fut l'une des premières conquêtes de La Fontenelle, et Tonquédec, que Richelieu jugea trop féodal, mais qui garde, démantelé, sa fierté primitive, dans un site d'une grâce délicate. Ni le moulin de Runfau, ni la chapelle de Kerfons (ou plutôt Kerfaouez), au célèbre jubé, ne sont pour lui ôter de son caractère. Non loin, Kergrist et Kerauzern, châteaux ceinturés d'hortensias, font la liaison avec le siècle.

Au-delà ce sont des cantons peu visités. La nationale 12 paraît monotone en sa rectitude, et les autos y peuvent rouler rapidement, sauf en deux endroits, au Ponthou et à Belle-Ile, où le Douron et le Léguer creusent profondément le plateau. Au sortir de Belle-Ile-en-Terre, un chemin en lacets grimpe jusqu'à une colline en partie couverte de pins, où s'élève au milieu d'un cimetière presque joyeux la jolie chapelle de Locmaria. Plus loin encore, passé Louargat, cette grande butte arrondie qui à distance prend un air dominateur, mais qui paraît à mesure qu'on en approche rentrer sous terre ses trois cent deux mètres d'altitude, c'est le Ménez-Bré, montagne sainte, vénérée de tout le Trégor, portant à sa cime une chapelle du populaire saint Hervé.

Le pittoresque du costume est réduit au minimum dans ces cantons. Les hommes n'avaient pas attendu le présent siècle pour abandonner les modes locales. Beaucoup de femmes, non pas les plus jeunes, ont gardé leur coiffe, leur bonnet de tulle à queue d'aronde, la *touken*, et la capeline d'été pour le travail des champs. Aux grandes cérémonies religieuses, le 15 août, par exemple, au pardon de Notre-Dame de la Clarté, les jeunes porteuses de bannières et de statues ont la coiffe de parade que soutiennent si bien l'ample châle blanc, le corsage blanc, la jupe blanche. Le pays a pour centre Plouaret, dont la vieille église un peu lourde est un mélange de Renaissance et de gothique.

Plus haut encore, les routes vont à la rencontre de l'Aré, jusqu'à l'ancienne Cornouaille. L'une d'elles traverse Loguivy-Plougras, entre une église monumentale et une chapelle au porche ouvragé qui suffisent à ennoblir ce bourg. Elle monte ensuite à la grande hêtraie du Beffou (non domaniale), dont la cime est à 326 mètres, dominant de peu la source de l'Aulne.

Par des chemins de traverse on arriverait, un peu à l'est, au Bois du Jour et au Bois de la Nuit *(Coat an Day, Coat an Noz)*, hauts taillis, futaies seigneuriales qu'ont longtemps pratiqués des charbonniers et les sabotiers. Toujours à l'est, le village haut perché de Gurunhuel nous offre l'unique exemplaire de calvaire à personnages qu'il y ait dans cette région. Le gros bourg de saint Briac, Bourbriac, a une église gothique dont la belle tour du XVIe siècle porte le plus naturellement du monde une flèche ajourée qu'on croirait de l'époque : elle date du Second Empire.

Bourbriac, Saint-Adrien, Plésidy et son bon fumet d'étable, c'est ici un pays bossué, raviné, parcouru d'eaux vives, dominé par de grands bois : Coatliou, un peu à l'est Avaugour, au sud Coatmalouën, dont les futaies bordent l'Étang Neuf et entourent les ruines imposantes d'une abbaye cistercienne. La route suit la vallée du Trieux. Elle nous mène bientôt à Guingamp, vieille capitale du Penthièvre. La grand-place s'entoure de maisons gothiques et garde sa belle fontaine Renaissance à trois vasques. De son château féodal, de ses murs crénelés, il ne lui reste pas grand-chose. La haute place du Vally se souvient peu d'un passé militaire. Dans le faubourg méridional, le monastère cistercien de Sainte-Croix a été converti en ferme. Mais la chapelle de Grâces à quelques kilomètres, gardienne des restes de l'infortuné Charles de Blois et de l'indomptable Jeanne de Penthièvre, est demeurée intacte. Au centre de la ville, Notre-Dame de

Bon-Secours à été habilement restaurée à la suite des destructions de 1944. Sombre comme une crypte, avec un porche grésillant de cierges autour de la très vénérée Vierge Noire, elle maintient une tradition de mysticité.

PAR MONTS ET PAR VAUX

PARLER de monts en Bretagne, n'est-ce pas bien prétentieux ? 384 mètres, le Tuchenn Gador ou Signal de Toussaines n'est pas un Éverest. Mais il faudrait aller jusqu'aux Alpes mancelles, pour trouver, avant Paris, un plus haut sommet. Et puis — c'est un géographe qui parle, Camille Vallaux, revenant du roc Trévézel : « Tous les grands faits du mécanisme terrestre y sont groupés et visibles. Ils sont là, en quelque sorte, à notre taille. » Enfin, si près de l'Océan, ces collines qui furent de vraies montagnes avant l'érosion, ne perdent rien de leur altitude. On s'en rend bien compte quand, ayant gravi les 330 mètres du Ménez-Hom, on regarde sous soi s'étendre la rade de Brest, la baie de Douarnenez, l'Iroise, le grand large.

Le Ménez-Hom est le ressaut extrême, le plus vigoureux, de la Montagne-Noire. L'Aré commence plus au nord, dans les chênaies du Cranou. L'église ruinée du Vieux-Quimerc'h balbutie son oraison sur ses premières pentes. La mer remonte entre les deux chaînes par l'estuaire de l'Aulne et fait sentir son flot jusqu'à Châteaulin. L'Aulne, *Steir Aon* — comme Avon et comme Aven : la rivière — est l'artère vitale de cette Cornouaille Noire, *Kerné Du.*

Sur l'Aulne, canalisée sur l'initiative de Napoléon, les péniches ne circulent plus. Port-Launay, où la marée amenait de petits caboteurs, ne reçoit plus que des bateaux sabliers. Mais on y pratique toujours la pêche au saumon.

Châteaulin, capitale du pays *rouzik* et sous-préfecture, a laissé les champs et les arbres s'emparer de ce qui fut Castel-Nin, autour de la charmante chapelle Notre-Dame. Dans sa vallée, respirant un bon air de campagne entre les avenues magnifiquement plantées, elle se ranime quand descendent jusqu'à elle les paysans de Cast, de Dinéault, de Lothey, de Saint-Ségal, de Saint-Coulitz, spécialistes de la pomme de terre de semence. C'est en effet de la bonne terre de ces villages que se répandit en Bretagne cette culture, qui s'y est développée. Au nord de Châteaulin, le gros bourg de Pleyben est uniquement rural. « Les rogues paysans de Pleyben », écrivait environ l'an 1600 le chanoine Moreau. Ce fut leur fierté, leur piété aussi qui nous valent encore, au bout d'un spacieux champ de foire, l'imposant ensemble religieux — église, sacristie, calvaire voûté, ossuaire et arc de triomphe — auquel ont travaillé trois générations, chacune selon son goût, mais sans discordance : le granit breton a tout unifié.

Pleyben est sur la route de Quimper à Morlaix. Passé Briec, elle monte, descend, longe un pré où se dresse, près d'un calvaire et de trois fontaines, Notre-Dame... des Trois Fontaines, naturellement, et dévale jusqu'à l'Aulne. Après Pleyben, nouvelles montées, dans une région de plus en plus désertique. Un seul bourg : Brasparts, assez sombre de mine, avec d'austères façades de pierre taillée, une église austère près d'austères sapins et un ossuaire portant à l'un de ses angles la figure de l'Ankou, faucheur sinistre.

Au-delà, plus rien, pas un village, pas un bois sur le bord de la route, jusqu'à Plounéour-Ménez, de l'autre côté de l'Aré. Elle décrit sa courbe au flanc même de la chaîne, entre des sommets arrondis ou déchiquetés et la cuvette de rousses tourbières où l'Ellez circule. Au fond était le Yeun, sorte d'Arverne armoricain, sur lequel rôdent des histoires d'enlisements et de loups. Les loups ont disparu, et l'on ne s'enlisera plus dans la boue du Yeun, puisque le barrage construit aux environs de Botmeur l'a converti en un lac de trois cent soixante-dix hectares, destiné à régler l'alimentation de l'usine hydro-électrique de Saint-Herbot.

Chauve coupole du Ménez Mikel, croupe nue du Ménez Kador (dont les 384 mètres sont la vraie cime de l'Aré), pointes du Roc'h Véchec, dentelure de Roc'h Trévézel et des Kragou, aucun sourire n'égaie ni n'attendrit leur solitude, aucune fantaisie n'altère leur sauvage majesté.

Pour faire connaissance avec l'Aré, on peut emprunter la route abondante en circuits qui, venue du Faou et du Cranou, de la mer et de la forêt, grimpe à 300 mètres à travers les landes, descend au bruit des gaves jusqu'au cirque verdoyant de Saint-Rivoal et rejoint entre le Ménez Mikel et le Ménez Kador la route principale. Une autre, également étroite et bonne, passant aussi par Saint-Rivoal, quitte celle-ci un peu au nord de Brasparts et longe les sommets du massif par l'ouest. Après Saint-Rivoal, ce n'est plus qu'un chemin qui laisse derrière lui les villages de Moguérou et de Saint-Cadou et les prés spongieux où l'Élorn n'est encore qu'un ruisseau, pour gagner enfin les maisons trapues et la fière église de Commana, sur la route de Brest à Huelgoat.

Huelgoat a été adopté par le tourisme. Avoir une rivière d'Argent, une chapelle de Notre-Dame des Cieux, une mare aux Fées, un camp d'Arthus et des hôtels bien tenus, ce n'est pas un mince mérite. Au sortir de l'Aré farouche, du désert tourbeux et pierreux de Berrien, le voyageur y trouve une paix accueillante. Le bel étang dont Huelgoat fait son miroir d'eau, l'immense parc seigneurial que lui ménagent des bois parcourus de rivières bondissantes et creusés de ravins rocheux, les éboulements figés de ces blocs de granit, ce Chaos, cette Pierre Branlante, ce Gouffre, l'évidence même de cette fraîcheur et de ce pittoresque imposaient Huelgoat au choix des amateurs.

Huelgoat eut jadis une autre industrie : la mine. Son sol recèle des filons de plomb mêlés d'argent qu'on a exploités dès le Moyen Age.

Cette partie de la Bretagne est plus agricole qu'industrielle. Cependant il faut vivre, et la montagne n'est pas très cultivable. Mais les montagnards ont toujours été ingénieux. Gens de Bormeur, de La Feuillée, de Brennilis, de Loqueffret, ce sont eux qu'on voyait, par les chemins de Léon et de la

238. La Vénus de QUINIPILY

239

240

241

Menhirs

239. KERLOAS en PLOUARZEL
240. SAINT-DUZEC. Menhir christianisé
241. ILE DE SEIN : les « Causeurs »
242. LOCMARIAQUER : la « Table des Marchands »
243. LOGONNA-DAOULAS. Lerc'h christianisé de RUNGLÉO
244. BARNÉNEZ en PLOUÉZOC'H : tumulus

242

243

244

245

246

SAINT-HERBOT

245. La chapelle
246. Pierre tombale de saint Herbot
247. Les Apôtres du porche sud de la chapelle

247

249

250

Environs du FAOUET

248. Le jubé de la chapelle SAINT-FIACRE
249. La chapelle SAINT-FIACRE
250. Les halles du FAOUET

251

KERNASCLÉDEN

251. Saint Sébastien
252. La nef de l'église

253. BIEUZY : maison Renaissance

252

254. SAINT-NICODÈME en PLUMÉLIAU : la fontaine
255. PONTIVY : le château

256

257

256. SAINTE-ANNE-D'AURAY. Basilique : guérison d'un malade (ex-voto)

LORIENT

257. Le clocher de l'église Saint-Louis
258. L'hôtel de ville

258

259

260

LORIENT

259. Le palais des Congrès
260. L'ancien port de commerce et le quai des Indes
261. Le port de pêche

EL.5219

Cornouaille, promener sur le dos de leur unique cheval leur pacotille de colporteurs. Ce sont eux aussi qui, sous le nom de *pillawers*, c'est-à-dire de chiffonniers, allaient au siècle dernier quérir de maison en maison les déchets de linge et les reliefs d'os, les payant moins en monnaie qu'en écuelles peintes. Mais aujourd'hui l'on va plus loin, hommes et femmes, et l'on ne revient guère. De La Feuillée à Scrignac, de Scrignac à Guerslequin, l'Aré se dépeuple.

La route de Huelgoat à Pleyben passe à proximité de l'ancien manoir du Rusquec et d'une cascade de l'Ellez. De l'autre côté de la route, dans un massif d'humide verdure, se niche l'église de Saint-Herbot. Le bon saint aimait mieux les bêtes que les gens. Mais les gens de Basse-Bretagne aiment aussi les bêtes, et ils lui ont édifié, il y a quatre cents ans, cette maison à la fois robuste et élégante, parée de statues, de verrières, où le saint a son tombeau dans le chœur, derrière un admirable jubé de bois, lui-même figuré sur la dalle en gisant. Il y reçoit chaque année, à son pardon, force offrandes de crins de cheval ou de vache. Saint Édern avait les mêmes goûts, avec cette particularité qu'il apprivoisait les cerfs. On le voit, monté sur un cerf, à Lannédern, qui regarde au loin le Ménez Mikel, et, plus au sud, à Édern, au pied de la Montagne-Noire.

La Montagne-Noire est, comme l'Aré, une sorte de désert, un peu moins haute et plus verdoyante. La route qui la longe d'ouest en est ne rencontre sur vingt kilomètres d'autre bourg que Gouézec, qui vaut bien une halte, le temps d'un coup d'œil à son église, ornée d'un des plus beaux groupes de saint Yves entre le riche et le pauvre, et précédée d'un arc de triomphe, avec un saint Nicolas en costume d'évêque. Un pays pauvre. Des bruyères, des pins clairsemés, de maigres cultures. Mais la Montagne-Noire, plus que l'Aré, a gardé ses *pentyer*, ses petits exploitants, grâce à des mœurs toutes patriarcales. Un paysan dénué de ressources veut-il bâtir son *penty*, c'est-à-dire son bout de maison ? Il va de ferme en ferme quêter un peu d'argent, des arbres pour s'y tailler des poutres. Ayant choisi son *goarem* — sa garenne — et la pierre, les déchets d'ardoise ne faisant pas défaut, le voilà passé propriétaire, semant le sarrasin ou le seigle, élevant quelques moutons et respirant l'air des sommets.

Les monts de Laz ont leur cime — 305 mètres — sous la forme de deux pointes schisteuses et feuilletées, dans un fourré d'ajoncs arborescents, au bout d'un large chemin d'herbe bordé de hauts arbres. Ces arbres font partie du domaine de Trévarez qui, entre cette cime et la vallée, a un parc, des bois et, sous bois, des rhododendrons d'une somptuosité rare. Le château est moderne. Il voisine avec le manoir plus modeste où la belle Louise du Grégo, mariée au baron d'Amphernet, un des chefs de la Chouannerie, accueillait Lazare Hoche, alors commandant de l'Armée des Côtes. Veuve, elle se remaria avec le général républicain Bonté : elle repose avec lui au cimetière de Saint-Goazec.

Mais dans la paroisse voisine en Spézet voici Notre-Dame du Cran

262. L'île de CALLOT et CARANTEC

(ou des Bois), solitaire sous des frênes au bord d'un ruisseau, et possédant d'admirables verrières du XVIe siècle, discrètement rafraîchies.

Châteauneuf a un promontoire sur l'Aulne et, pour charme principal, son étroite et ombreuse vallée. L'église paroissiale est presque toute moderne, Notre-Dame des Portes a été rebâtie.

Nous entrons à l'est dans le Poher. Il y a six cents ans que le comte n'existe plus. Mais le nom est resté, comme en témoigne le village de Cléden-Poher, qui a, parmi les ifs, les acacias, et les tombes, un calvaire et une église gothique à visiter, avec une vue magnifique sur le profil dentelé des monts de Laz et du Toulaëron.

Le Poher : le pays *dardoup*, dit-on plutôt, est celui des bonnets de filet sans bride (les mêmes ont quatre brides relevées à Châteauneuf) et des feutres lustrés à jugulaire, mais sans flot de rubans. Sa capitale, qui s'appela *Vorgium* aux temps gallo-romains, s'appelle aujourd'hui Carhaix — Keraës —, la ville d'Ahès selon une étymologie romancée, la ville du plateau, selon le celtisant Joseph Loth. Quelques pignons sur rue, quelques façades de pierre taillée — dont l'une des plus sévères porte le nom de La Tour d'Auvergne — sont là pour rappeler que Carhaix eut une cour royale de justice, une maîtrise des Eaux et Forêts, une brigade de maréchaussée, une prison, dont le geôlier était aussi tambour de ville et héraut portant la casaque, encore visible à la mairie. Un reste d'aqueduc, un pont gaulois sur l'Hière, près de la ville, nous font remonter plus haut dans l'Histoire. Simple chef-lieu de canton après avoir été capitale de comté et siège de sénéchaussée, Carhaix est un centre agricole d'une région devenue, après de nombreux défrichements un bon grenier à blé, tout en développant son cheptel. La légende n'y perd rien, et la ville reste celle d'Yseult aux Blanches-Mains, celle du terrible comte Conomor qui tua sa femme et dont le fils, Trémeur, autre martyr, a donné son nom à l'église paroissiale. Les sévices qu'y ont exercés les Allemands sont malheureusement de l'Histoire.

Aux alentours, les noms de Plouguer, de Kergloff, de Saint-Hernin, qui sont des noms de villages, ceux de Granec, de Tymeur, de Kergoët, qui sont des noms de châteaux (le dernier subsiste), sont liés à de tragiques souvenirs. Et le pays est lui-même de mine assez farouche. Il s'humanise dans la bucolique vallée de l'Hière, placide et presque banale jusqu'à mi-chemin de Callac, plus pittoresque ensuite et l'on ose dire : plus bretonne. Callac, un gros bourg qui ne sent pas la misère, aux confins de deux pays, mêle la *touken*[1] trégorroise à la *corléden*[1] de Huelgoat et de Carhaix. De même, adossé aux bois de Duault, Saint-Servais, où naquit Anatole Le Braz.

A l'ouest et au nord de Callac, la région comprise entre les forêts du Fréau et du Beffou, celle de Pestivien à l'est, sont parmi les plus isolées de la Bretagne : des landes, des rocs épars, des bosses granitiques d'une altitude

1. Ce sont deux coiffes.

moyenne de 300 mètres, des coupures vertes au fond desquelles s'allongent de minces cours d'eau, et de chétifs villages, dans l'ensemble un grand pays, d'un puissant caractère. Et, de temps à autre, une découverte : le calvaire de Pestivien, à côté d'une église désaffectée; celle de Lobuec au milieu de son cimetière; celle de Kergrist-Moëlou, au haut d'un large escalier, et cette merveille qui vous attend au centre d'un village de fière tenue, Notre-Dame de Bulat, sa tour robuste, sa haute flèche ajourée, la guipure de son porche latéral, telle tête sculptée sur sa façade, et sa large et profonde piscine.

Çà et là, dans ce pays rude, on taille un beau granit bleuté. Plus au sud, à Maël-Carhaix, on rencontre des ardoisières. Il en est de même de l'autre côté du canal, à Motreff, où l'on retrouve la Montagne-Noire.

Gourin avait de la douceur provinciale, un charme de tradition bien gardée. Une place au milieu, des arbres, de vieux bancs massifs, une fontaine qui était aussi un abreuvoir; autour, des maisons un peu basses, aux airs de vieilles cossues et cependant fripées; une église suffisamment ancienne, une chapelle restaurée, mais originaire du XVIe siècle, un beau manoir voisin appelé Tronjoly, des marchés abondants, des paysans jadis en courte veste et feutre rond, des paysannes en coiffe à brides ou sans brides : tout disait une vie qui se continue et qui s'alimente sur place. Et le fait est que le pays n'est pas pauvre.

Après Port-Carhaix, le canal de Brest à Nantes, ayant quitté l'Hière après l'Aulne et n'ayant pas encore atteint le Blavet, prend tout ce qu'on lui donne : rivières, ruisseaux, et l'eau du haut étang de Coroncq, creusé près de Glomel il y a plus de cent ans par des équipes de condamnés militaires. C'est ici le pays du P. Maunoir, le fougueux apôtre du grand siècle. Non qu'il y soit né, mais il y est mort. On peut le voir agenouillé en effigie sur sa pierre tombale, l'air vivant, dans l'église de Plévin. Plus à l'est, Plouguernével, alors pourvu d'un séminaire aujourd'hui transformé en hôpital, fut le principal centre de ses missions. Cinq kilomètres avant, Rostrenen, avec ses petites maisons deux ou trois fois séculaires et sa lourde église au chœur voûté, retient l'attention. *Roz trezen* (par contraction *tren*) signifie le tertre du buisson. Un rosier fleurissait, hiver comme printemps, parmi les ronces : on fouille, on exhume une statue de la Vierge, on bâtit une église à cette place sacrée.

Au sud du canal, la Montagne-Noire plus boisée à l'ouest, plus dépouillée à l'est limite le haut bassin de l'Ellé. Parallèlement à sa chaîne, la route de Gourin à Plouray s'allonge presque droite à travers un pays presque désertique de landes et de terres spongieuses sur lequel les crépuscules amassent de froides buées. On n'en goûte que mieux, après tant de tristesse, le charme sans mièvrerie de Notre-Dame de Langonnet. L'abbaye, fondée au milieu d'un marais, n'a plus de ses bâtiments gothiques qu'une salle capitulaire convertie en chapelle. Les autres sont du début du XVIIIe siècle : la date de 1723 est gravée sur une lucarne du corps central. Comme sa filiale Saint-Maurice, comme d'autres abbayes bretonnes, elle pourrait n'être qu'une ruine mélancolique. Mais elle vit : non seulement par ses bois, ses prés, ses jardins, son Ellé poissonneuse, mais par les prêtres jeunes ou âgés, français ou coloniaux, qui y trouvent asile : car la Congrégation du Saint-Esprit, qui la possède depuis 1857, en a fait une maison de retraite et de vacances, qui respire l'ardeur de l'esprit missionnaire. A côté, sur une colline ombreuse, l'école professionnelle de Saint-Michel est une succursale de l'Orphelinat d'Auteuil.

Est-il beaucoup de voyageurs, même bretons, qui aient vu l'église paroissiale de Langonnet, son portail double, sa verrière fleurdelysée, ainsi que le presbytère de 1656, dénommée Vieux-Manoir, la chapelle Saint-Germain et la jolie église de la Trinité ? ou seulement les calvaires très simples, mais d'un type spécial — le second surtout — de Bodéro et des Anglais ?

Nous sommes ici à la frontière du pays *Pourlet* ou des Mille Boutons (pure hyperbole, on s'en doute), où se portaient hier alternativement une petite coiffe curieusement compliquée, sorte de cornet de tulle empesé sur un transparent de couleur, et la toque de velours ou de drap noir doublé de vert, de violet ou de rouge : le *capot ribot*. On rencontrait autrefois, à Plouray, sous l'une ou l'autre coiffure, de vieilles fileuses ayant à leur quenouille la laine de leurs moutons. Après avoir jeté un coup d'œil à l'ancien manoir et au moulin de Guidfoss, descendez la vallée de l'Ellé. D'abord assez large, elle se resserre sous des éperons pierreux. Passé le pont Champeaux, en aval de l'abbaye, des moulins bordent l'eau vive : Soliec, au pied du Ménez Lescrec'h, Milin-Pont. On arrive ainsi au Grand-Pont, dans la région du Faouët, où l'Ellé, bondissant sur des galets, s'entraîne pour l'assaut des Rochers du Diable, à Locunolé.

Il y a un bon demi-siècle qu'une colonie de peintres s'établit au Faouët. La petite ville a de nobles maisons d'un autre âge, des halles de la fin du XVIe siècle, une robuste église, mais surtout des environs pittoresques, et, dans ces environs, deux merveilles : Sainte-Barbe et Saint-Fiacre. On ne sait ce qu'il faut le plus admirer à Sainte-Barbe, ou de l'architecture curieuse de la chapelle bâtie à flanc de coteau, ou de ses vitraux anciens, ou des « escaliers majestueux » qui rappelaient à Maurice Denis « ceux de la place d'Espagne à Rome », ou du beffroi voisin dont chaque visiteur peut faire sonner la cloche pour s'attirer des grâces, ou du placitre naturel, qui rassemble, le dernier dimanche de juin ou le premier de décembre, jusqu'à douze mille pèlerins.

Saint-Fiacre, c'est d'abord une élégante flèche à balcon entre deux autres flèches symétriques sur tourelle, avec des arbres, des chaumières et des meules de paille pour lier au sol ce chef-d'œuvre d'art rustique; puis, une voisine vous ayant ouvert la porte, ce sont les verrières du Quimperlois Androuët, quatre fois séculaires, et l'un des plus beaux jubés de bois de toute la Bretagne, hardiment et harmonieusement coloré.

Une troisième merveille se trouve au cœur du pays Pourlet : Notre-

Dame de Kernascléden. Bâtie de 1430 à 1464, elle est à peine antérieure à Saint-Fiacre, et la légende assure que les outils de travail furent miraculeusement transportés de l'une à l'autre. Le gothique flamboyant a produit ici l'une de ses meilleures réussites paysannes. A l'intérieur, entre des autels de pierre finement sculptée, il y a la célèbre *Danse macabre* et surtout les fresques de la voûte du chœur, consacrées à des scènes de la vie de la Vierge et de l'enfance du Christ. Elles sont parmi les plus belles œuvres de la peinture française du XVe siècle.

Dans la même région, d'autres chapelles sont moins connues : Saint-Nicolas en Priziac, Saint-Guen ou Saint-Tugdual, avec son petit calvaire de même style que celui des Anglais; plus près du Scorff, au haut bout d'un chemin couvert et raviné, Notre-Dame de Crénénan. Et bien des châteaux aussi, ou des vestiges de châteaux, seraient à visiter : près du Faouët, le Diarnélez, où le chancelier Maupeou trouva une retraite dans sa disgrâce; près de Priziac, Kéroual, du moins son colombier, du milieu duquel un robuste chêne étend ses rameaux; près de Kernascléden, entre un étang et une forêt, Pontcallec, de tragique mémoire — son seigneur, inculpé de trahison fut décapité à Nantes avec trois autres seigneurs bretons. N'est-ce pas encore une merveille, que Guéméné ? Peu de villes bretonnes sont restées plus fidèles à leur aspect ancien. Le château est réduit à une muraille croulante. Cette destruction ne messied pas au caractère de la petite cité, ardemment patriote sous la Révolution, alors que la Chouannerie tenait la campagne. Les paysans s'en emparèrent en janvier 1795. Avant eux la fille aux cheveux rouges, Marie Tromel (Marion du Faouët), fut, du pays Pourlet au Poher, la terreur des petites gens qui revenaient du pardon ou du marché, jusqu'à ce qu'on l'eût pendue à Quimper. Mais du Faouët aussi était Jean-Marie Carré, un La Tour d'Auvergne de seize ans, mort, comme l'ancien, au champ d'honneur en 1918. Toute cette haute-Cornouaille est faite pour la guerilla. C'est une des régions de Bretagne qui ont le plus fourni à la Résistance. Le 6 juin 1944, le jour même du débarquement en Normandie, des parachutistes envolés d'Angleterre se posaient à Duault où, mêlés à eux, des centaines de maquisards livrèrent bataille à la Wehrmacht.

LA VALLÉE DU BLAVET

QUEL château d'eau, que la montagne bretonne ! Issu d'une des dernières cimes de l'Aré, le Blavet court du nord au sud, se grossit au passage de tout un réseau d'affluents, bondit parmi les rochers, disparaît sous leur voûte dans les gorges de Toul-Goulic, pousse une pointe à l'est vers le vieux bourg de Saint-Nicolas du Pélem, puis, ayant reçu le Súllon, s'assagit à Gouarec et fait par Caurel et Mur la lisière de la forêt de Quénécan.

On trouve dans le sol de cette forêt un curieux cristal : c'est la staurotide, en langage savant, la mâcle (ou maille) en langue populaire. Les Rohan en firent leur emblème, le stylisèrent en losanges d'or sur fond de gueules. Ils avaient en forêt leur château des Salles. Plus petit, l'étang du Fourneau, entre de nobles hêtres, voisine avec un manoir intelligemment restauré et de longs rez-de-chaussée qui furent les Forges des Salles.

C'est donc ici que les Rohan faisaient forger; ici également qu'ils avaient leurs grandes chasses, dans les bois giboyeux, autour des hautes roches dont l'une s'appelle le Saut-du-Chevreuil, et des garennes dont l'une est la Lande-du-Cerf. Le principal réduit de leur puissance, c'était cette opulente forêt. Gouarec, une de leurs six châtellenies, possède encore un de leurs pavillons.

Un peu après Gouarec, le Blavet reçoit le Doulas, qui vient à lui par des gorges sauvages, entre des collines schisteuses aux crêtes curieusement feuilletées dont l'une, aux environs de Laniscat, est sanctifiée d'une chapelle. On passe un vieux pont garni d'herbes et de mousses, et l'on arrive à Bon-Repos. Ce n'est plus qu'une ombre de monastère. La classique façade disparaît à demi sous le lierre, l'intérieur est devenu la proie des ronces et des arbres. Seuls les communs sont habités. Mais quel site ! Rien n'en devait troubler la paix. Des pêcheurs, anachorètes modernes, trempent leur ligne dans le canal voisin.

Le barrage de Guerlédan en a condamné à mort le trafic déjà somnolent. Mais, en créant un lac à l'orée des bois, il a fait une beauté de plus. Une route touristique mène de Mur à ses bords. La navigation de plaisance intérieure y devient active. Tout le pourtour de la forêt abonde en sites pittoresques, dont le plus saisissant est le Ravin de l'Enfer — *Stang-en-Ihuern* — entre Cléguérec et Silfiac. Les pierres vénérables, les édifices anciens ne manquent pas non plus. Voici en Cléguérec le dolmen moussu de Bot-er-Mohet, Colmario et sa grange, Trévelin et son puits, la tour courtaude de La Villeneuve-Saint-André; en Saint-Aignan, celle de Botpléven. Voici d'autre part de simples fermes à clôture de monolithes, à escalier de pierre extérieur — particularité en Cornouaille, bien que Quénécan fût jadis cornouaillais. Quant aux monuments religieux, ils abondent comme ailleurs, et l'on en trouve même en pleine forêt, la chapelle de Saint-Ignace, par exemple, touchante d'humilité sous son clocher d'ardoises, l'un des premiers qu'on voit en allant vers la Haute-Bretagne; à la lisière, la chapelle de la Trinité, en Cléguérec, avec la fleur de lys des fenêtres, et une belle fontaine mi-gothique mi-Renaissance près de la chapelle; en Saint-Aignan, Sainte-Tréphine, où la martyre tient par la main le petit prince promis comme elle à la décollation; et Saint-André, et Saint-Laurent, et, déjà un peu plus distante, Notre-Dame de Locmaria, en Séglien, dont la tour carrée et trapue semble procéder d'une autre architecture que celles du Finistère; au nord de la forêt, la haute et massive tour de Laniscat, aux clochetons classiques.

Pontivy, c'est la ville de Napoléon et celle des Rohan : d'une part des anciennes casernes, un canal ou plutôt des canaux (car ils sont trois, qui trouvent ici leur point de jonction : celui de Nantes, celui de Lorient et celui de Brest, ou du moins de Guerlédan), une vaste place rectangulaire, toute faite pour les revues d'armes, des rues rectilignes au nom de victoire, de la netteté, de la clarté; et d'autre part, la vieille place du Martray, des rues zigzagantes, pas mal de maisons à pignon pointu ou à façade de granit taillé, la tour ronde d'une ancienne cité, leur puissant château à peine agrémenté de lucarnes obliques, plongeant par ses quatre tours d'angle dans la belle herbe grasse des douves. Au centre de Pontivy, Notre-Dame de la Joie, dont une flèche moderne tâche d'alléger la lourde tour morbihannaise, garde sur sa double porte les mâcles des Rohan. Un monument commémoratif de la fédération bretonne-angevine organisée sur l'initiative du futur général Moreau dans l'hiver de 1790, nous rappelle que nous sommes chez les Bleus. Le pays est resté ardemment patriote. Il l'a prouvé en juin 1944.

Bocagère à gauche et bien arrosée d'eaux poissonneuses, la campagne environnante offre aux amateurs de curiosités végétales les chênes ébranchés de Kerpert, fantastiques sous la dune; aux amateurs de vieilles pierres, archéologues ou non, encore des manoirs, des chapelles, des églises, des fontaines : Kérostin, devenue maison ouvrière; celles de la Haye et Sainte-Tréphine, devenues fermes; la chapelle du Stival, avec ses fresques primitives, ses vitraux intacts, la cloche à main de saint Mériadec et la fontaine dédiée au même saint. De l'autre côté du Blavet, la chapelle de la Houssaye est bien du pays, par sa tour quadrangulaire sous le double balcon à balustres. Plus caractéristiques encore à cet égard les églises de Neuillac et de Carmès. Mais où la robustesse est la plus accusée, c'est à Noyal : une tour solide comme un donjon sous une flèche nue.

« On parle à Pontivi la langue bretonne et la françoise », constatait en 1636 Dubuisson-Aubenay. Aux marchés, Bretonnes et « Gallaises » se rencontrent, et le pays est toujours bilingue. Il est à noter que le parler du Morbihan diffère des trois autres : soit par le vocabulaire, soit surtout par l'accent. Le vocabulaire se rapproche davantage du français, et l'accent, portant sur les finales, encore plus. La limite du breton passe par Mur, mais reste en deçà de Croixanvec, Gueltas et Rohan. Saint-Gonnery est

263. La presqu'île de QUIBERON

264

266

264. AURAY : le quartier Saint-Goustan
265. ETEL : le port
266. La COTE SAUVAGE près de Quiberon

265

267

268

LA TRINITÉ-SUR-MER

267. Le port et le pont de Kerisper
268. Le centre d'ostréiculture de Saint-Philibert

269. Ostréiculture à LARMOR-BADEN

VANNES

270. Vieilles maisons et tour de la cathédrale
271. Lavoir au bord du Rohan, la tour du Connétable et l'église Saint-Patern
272. SAINT-GILDAS-DE-RHUYS. Le chevet de l'église

270

271

272

3250

gallot non seulement de langue, mais d'esprit et probablement de race.

La double église de Locminé, dédiée à saint Colomban, « ressource des imbéciles », comprend un caveau où jusqu'aux premières années du dernier siècle, on enchaînait les fous, pour les mettre sous la protection du céleste aliéniste. Ce que le gros bourg de Baud, massé sur un tertre autour de sa robuste église, a peut-être de mieux à montrer, ce sont les coiffes de fête de ses jeunes filles. Aux environs, voici Camors au nom romanesque et sa forêt de chênes et de pins, semée de roches et recelant la motte où, sur les ruines d'une forteresse dite de Comorre, les mères viennent planter de petites croix pour guérir les enfants affligés de coliques. Et voici, parmi les restes du château de Quinipily, une statue qui a fait beaucoup parler d'elle, une informe Vénus de granit, que Mérimée transforma, semble-t-il, en Vénus de bronze pour la dresser au Roussillon — sa Vénus d'Ille —, mais que les gens du pays appellent la Sorcière *(Ar Groac'h)* : sorcière bienfaisante, puisque son rôle consistait à rendre aux femmes stériles la fécondité. Si un évêque de Vannes ne l'avait pas fait, au XVIIe siècle, jeter dans le Blavet où la piété de ses fidèles la repêcha, elle serait de l'autre côté de l'eau, sur la butte de Castennec, que perfore un tunnel, et qui porta jadis l'oppidum de Sulim, un oratoire de saint Gildas et une forteresse des Rohan.

Sous la butte, Bieuzy a d'anciennes maisons et une fontaine miraculeuse sculptée avec un soin pieux, moins admirée pourtant que celle de Saint-Nicodème, rive gauche, près de Saint-Nicolas-des-Eaux. Elle est l'annexe d'une chapelle singulièrement riche et élégante, avec sa flèche ajourée et sa fine tourelle d'escalier, mais posées sur une courte tour massive.

A l'ouest, si l'on remonte la pittoresque vallée de la Sar, bien des haltes s'imposent : à la grotte qui fut, dit-on, l'ermitage de Saint-Rivalain; à l'église et à la fontaine de Notre-Dame de Locmaria, dont s'honore Melrand; au calvaire du même bourg, où Dieu le Père, au dessus du Crucifié, tient l'Esprit Saint sur sa poitrine; à la croix de Mauricette Jaffrézo, « tuée pour la défense de sa virginité, le 25 mai 1727 »; au curieux oratoire de Guelhouët; à la fontaine Saint-Nicolas, en Malguénac; à la fontaine Saint-Pierre, qui, joignant le profane au sacré, s'achève en lavoir; mais surtout à Notre-Dame de Quelven — chapelle, chaire extérieure et piscine — qui sonne le rassemblement, chaque 15 août, autour de sa candide statue ouvrante. Ce type de statue très aimé par la dévotion à la fin du Moyen Age parut choquant aux esprits de la Renaissance et plus encore à ceux de la Réforme; beaucoup d'images semblables à celle de Quelven furent alors détruites et l'on n'en connaît plus qu'un petit nombre. La plupart présentent à l'intérieur une figure de la Trinité. Notre-Dame de Quelven est plus originale : douze bas-reliefs mènent le spectateur jusqu'au Jugement dernier.

273. Au trapèze à bord d'un ponant

MOR-BRAZ ET MOR-BIHAN

Lorient, Auray, Vannes : trois villes encore, trois pays; et quelques îles dans la grande mer — *mor braz* —, beaucoup d'îles dans une petite mer — *mor bihan.*

Le Lorient d'avant-guerre n'est plus. Il n'était, comme Brest, qu'à demi breton. S'il n'y avait eu la gaieté des coiffes et cette odeur appétissante de pâte « brisée », de far et de crêpes, on pouvait se croire hors de Bretagne. On y était accueilli par les favoris et la redingote parlementaire d'un Jules Simon sur piédestal. Les rues avaient été tracées au cordeau par les urbanistes cartésiens. La Bôve, orgueil des vieux Lorientais, était une *rambla* où un Victor Massé de marbre blanc rêvait aux soirs de Paris. Ni une emphatique fontaine de Neptune, datant de 1876, ni une église Saint-Louis terminée en 1821, chef-d'œuvre du style pseudo-classique, n'étaient pour exciter l'imagination du visiteur, mais quelques maisons du quai des Indes, avec leurs petits carreaux d'un autre siècle, rappelaient un passé d'aventure. Plusieurs d'entre elles, par chance, sont restées intactes, d'autres ont été refaites. Il lui restait aussi ses chantiers au bord du Scorff, l'École des mécaniciens, le bataillon glorieux des fusiliers-marins — pas mal, en somme, de pompons rouges; il lui restait son arsenal. Les bombes et le feu y ont tout disloqué, troué, calciné; tout, sauf deux pavillons de la Préfecture Maritime, et leur contemporaine, la tour de la Découverte. Montez-y : ce qu'on découvre de là-haut, outre le port, la rade, l'île Saint-Michel (saint Michel est l'archange des hauts lieux entourés de landes ou d'eau), c'est le goulet, c'est la « belle pleine mer » que Mme de Sévigné sut admirer non moins que les porcelaines et les soies de Chine, c'est l'île de Groix si le temps est clair et, clair ou brumeux, les îles lointaines, les terres inconnues qu'allaient voir ou chercher les grands aventuriers partis de l'Orient — comme on écrivait autrefois — : Bouvet, Kerguélen, Coudé, Jean Madec, tant d'autres, sans oublier Bernardin de Saint-Pierre.

Destin changeant : en moins de deux siècles, Lorient a été port de commerce, port de guerre, port de commerce encore, et le voici grand port de pêche. Naguère il n'avait pour ses pêcheurs qu'un peu d'eau dans le petit avant-port de son étroit port marchand; on lui a creusé de larges bassins, on l'a doté de tout le confort spécial : quais, grues, criée, hangars, ateliers, frigorifiques, rails, de quoi recevoir à la fois les sardiniers, les thoniers, les chalutiers à moteur, à vapeur, les camions, les charrettes, les wagons isothermiques.

Ce port-là, on l'avait déjà aménagé entre les deux guerres mondiales. Il fut d'autant plus exposé aux coups que les Allemands y établirent une base sous-marine.

La ville fut pratiquement détruite. Elle a été entièrement reconstruite.

Aujourd'hui elle est agréable, claire, avec de belles réussites telles que la place Alsace-Lorraine sur un côté de laquelle on a bâti une église toute moderne. Si l'agglomération Lorient-Lanester compte 70 000 habitants dans 30 kilomètres carrés, le plus grand Lorient groupe 140 000 habitants dans 300 kilomètres carrés.

Port-Louis, le Blavet du XVe siècle, fut une place forte. Les Espagnols ont été les premiers constructeurs de la citadelle. Devant des pâtis, des maisons anciennes ont croulé sous les bombes. On les a remplacées en clair, contraste assez brutal avec l'ensemble de la ville. A un coin de rue, donnant sur la rade, une maison porte sur son granit sombre la date de 1616. Beaucoup d'autres ne sont guère moins âgées. C'est plus que jamais une Aigues-Mortes bretonne, avec la tristesse, le charme aussi, des villes closes dont l'enceinte est devenue trop grande. Des bateaux thoniers hivernent dans l'anse de Kerso. L'été, elle vit du tourisme, ayant sous une partie de ses murs une petite plage. Elle a tout le reste de l'année pour remâcher ses souvenirs. L'église a brûlé en 1918. On l'a refaite. Une autre n'ouvre son portail qu'une fois l'an. Port-Louis employait, vers 1750, treize cents pêcheurs qui pêchaient surtout la sardine, dix-huit cents ouvriers qui la salaient.

Sur l'autre rive du goulet, face à Port-Louis et à la rade, c'est Kernevel; puis perpendiculairement, face au large, Larmor : une Notre-Dame d'une robustesse à défier toutes les tempêtes, quelques usines, une flottille de sardiniers, deux plages de famille. Lomener, Kerroc'h, plus à l'ouest, ont des ruelles où le vent de mer circule, où les casiers à crevettes et à homards encombrent les cales. Une côte rocheuse ou lagunaire, des sables, des pins maritimes; puis des carrières de kaolin fournissant 80 pour 100 de la production française. On arrive ainsi au Pouldu morbihannais face au Pouldu finistérien, autrement dit à l'embouchure de la Laïta.

Le terroir lorientais est plein de sourires. Entre la Laïta et le Scorff s'étend un des plus gracieux bocages bas-bretons, où les chaumières se dispersent et se groupent pour le plaisir des yeux. Guidel, le premier bourg d'importance que nous rencontrons, est plein de caractère. Gestel, chaque 1er mai, peut rivaliser, pour son pardon des Fleurs, avec celui des Oiseaux célébré dans la forêt de Toulfouen. La mer remonte jusqu'à Pont-Scorff, entre de fraîches prairies et des collines boisées. Même grâce, non sans grandeur, entre le Scorff et le Blavet.

Hennebont était une aïeule bien avant que Lorient naquît. Il y a six siècles que Jeanne-la-Flamme, assiégée par Charles de Blois, posa la couronne d'héroïsme sur le front de la fière cité. Son château, sur une butte de la rive droite, était détruit « raz terre » quand Dubuisson-Aubenay fit son tour de Bretagne. Les remparts de la rive gauche ont laissé en souvenir un pan de muraille crénelée et une porte entre deux tours, au bout d'une vieille Rue-Neuve. La haute flèche que pointait à soixante-douze mètres Notre-Dame du Paradis a été remontée.

Hennebont a l'un des deux haras de la Bretagne, l'autre étant à Lamballe.

Sa haute muraille longe une bonne route en bordure du Blavet. C'est généralement sur cette route le règne du silence. On n'y entend même pas les marteaux des forges voisines qui ne sont plus, d'ailleurs, toujours très actifs.

On peut rentrer à Lorient en traversant son long faubourg de Lanester qui s'est empli de maisons neuves depuis la Libération; on passe le Scorff sur le pont suspendu de Saint-Christophe. Un peu plus haut sur le Blavet, le vieux pont du Bonhomme conduit d'un bocage à un autre.

La guerre a incendié Kervignac; des maisons avenantes, sans grand caractère, remplacent les belles chaumières à étages et à lucarne; l'église toute neuve, simple de lignes, est en beau granit; des vitraux modernes la décorent d'une frise haute en couleurs. On a longtemps travaillé à restaurer l'église de Merlévenez, étonnant édifice aux trois quarts roman; mais à Nostang, près des chaumières en groupe, un puits fortement maçonné, sobrement orné, porte une date : 1247. Un contemporain de saint Louis !

Plus de bocage sur la côte : des dunes, des lagunes, des vasières où il est imprudent de s'aventurer, et le long sillon sablonneux qui s'élargit pour porter Gavres (nom breton de la chèvre). Gavres militaire, dont les gros canons de marine ont fait si souvent entendre au loin leur voix, a un siècle et demi d'âge. Gavres port de pêche est certainement plus ancien. Il possédait, au siècle dernier, une flottille de chaloupes, calant peu et se faufilant partout. Et quels équipiers ! L'hiver, sous leur calotte à oreilles, ils apparaissaient soudain dans les ports de l'ouest, avec leurs mulets et leurs bars, hardis rameurs, hardis senneurs, hardis chanteurs, et maîtres-queux dans la préparation de leur mets unique : la *cotriade* — une soupe de poisson qu'ils mangeaient accroupis en rond autour de leur marmite, dans un coin de grève, plongeant dans leur écuelle une cuiller primitive faite d'une coque de pétoncle au bout d'un bâtonnet. Les mousses cornouaillais leur faisaient un cercle d'admirateurs.

Qui ne connaît la chanson des marins de Groix ? Depuis le chansonnier anonyme, Groix a trouvé son aède dans Jean-Pierre Calloc'h, qui mourut en défendant d'un cœur fidèle la patrie française. *Ter leu ér mèz taolet... du e kreiz er mor glaz*, « à trois lieues au dehors jetée, noire au milieu de la mer verte », ainsi présente-t-il son île. Assez noire, en effet, pour qui, de la mer verte, grise ou bleue, n'en voit que les falaises abruptes auxquelles aboutit de toutes parts, ou presque, son plateau étonnamment uni. Peu de fissures dans cette muraille : faut-il parler de port ? Ce n'est certes pas dans le Trou de l'Enfer, sur la côte sud, qu'aucun bateau irait chercher refuge. Ce qu'on appelle Port-Nicolas n'est un port — bien intermittent et précaire — que pour de très petits canots. Encore moins Port-Mélen, sur la côte sud, et à peine plus son voisin Port-Lay. Restent Locmaria pour la pêche côtière et Port-Tudy pour la pêche au large. Port-Tudy, étroit et sans profondeur avait été en 1881, aménagé une première fois pour la pêche au thon. On y a fait à grands frais un port admirable qui accueille aujourd'hui des bateaux de plaisance. Groix est plus propre à la culture qu'à la pêche et c'est un fait que l'orge, la pomme de terre — excellente et renommée —, le lait des petites pies-noires, le beurre l'occupaient surtout, mais cela même l'intéresse bien moins aujourd'hui. En revanche, avec l'aide sociale et le tourisme, l'île vit assez confortablement.

Dans l'armement thonier Étel dépassa Groix, mais comme la plupart aujourd'hui de nos ports de pêche, c'est le chalut qui l'intéresse le plus. Étel, c'est tout un estuaire, ou plutôt, quelques criques sur cet estuaire. La rivière, en dehors des criques, est en effet parcourue de courants violents. Et une barre qui brise vite en rend l'entrée dangereuse. Cela n'a pas empêché les riverains de développer leur flottille, dont l'Étel a le juste orgueil, sachant le prix parfois douloureux qu'elle lui coûte.

En amont du pont Lorois, la rivière s'élargit en une petite mer très ramifiée, avec des îles dont deux au moins méritent une mention : Locoal, refuge de Cadoudal; Saint-Cado, parce que sa chapelle est l'objet d'une dévotion particulière de la part des marins de cette côte et le but d'un des plus purs pardons de l'Armor.

Étel dépend administrativement d'Auray, qui n'est pas sur la mer. Auray : aucun nom de Bretagne qui ait davantage de résonance. La petite ville elle-même ne saurait laisser personne indifférent. Le quartier Saint-Goustan, qui est celui du port, à peine changé depuis qu'y débarqua Franklin, le vieux pont sur la rivière, la rivière elle-même, coulant entre des verdures somptueuses, la haute terrasse plantée d'arbres touffus où l'on accède par paliers, et qui rappelle le château disparu cela suffirait, avec le pittoresque des marchés, pour intéresser le visiteur ou l'habitant. Mais Auray, ce sont aussi les souvenirs qui se pressent aux alentours. C'est le moulin de Kerléano, où naquit Cadoudal. C'est le marais de Kerso, où furent fusillés neuf cent cinquante-deux des prisonniers de Quiberon. C'est la chapelle expiatoire qui leur fut élevée en 1829, et sur laquelle sont gravés ces deux seuls mots de latin : *Hic ceciderunt*. C'est l'ossuaire dans la chartreuse, où l'on vous faisait voir les crânes des victimes. C'est la chartreuse elle-même, héritière du monastère voué à saint Michel par Jean IV de Montfort, le vainqueur d'Auray. C'est enfin, à Sainte-Anne toute proche, le monument aux Bretons morts pour la France de 1914 à 1918. Au haut d'un double escalier monumental, se présente une classique coupole à pans, dont les modèles ne manquent pas dans l'architecture religieuse bretonne. Des ardoises de l'Aré, aux tons de métal, la revêtent. Une suite de cinq chapelles — une par diocèse — forme crypte. *Spes illorum immortalitate plena est*, dit l'inscription extérieure. Autour d'un vaste champ, les noms des morts sont gravés dans la pierre, répartis par évêchés, doyennés et paroisses.

L'endroit était déjà sanctifié. Le 7 mars 1625, le paysan Yves Nicolazic, guidé par une vision, découvrait dans le champ du Bocenno une statue en bois de sainte Anne, toute vermoulue. Qui pouvait prévoir qu'une érudition mécréante y reconnaîtrait un jour la Déesse-Mère de Syrie ? L'effet de cette découverte fut immédiat et prodigieux. Sainte-Anne devint le grand pèlerinage de la Bretagne souffrante. Dubuisson-Aubenay, y passant une dizaine d'années plus tard, décrit avec admiration le logement des Carmes établis là, la fontaine « toute revestue de belle pierre avec deux réservoirs joignans... la chapelle toute couverte, par dedans la nef, de vœux accomplis en grands et petits tableaux, statues ou images de cire et d'argent, béquilles, jupes, habits, fers de prison et choses semblables, que l'on y apporte de toutes parts de la Bretagne et même Normandie, Mayne, Anjou et provinces plus éloignées ». Il ajoute : « Le village s'accroît et fournit de bonnes hosteleries qui s'enrichissent honnestement. *Item* il y a force boutiques de chapelets et médailles. » Ces lignes ont à peine vieilli. La statue primitive a été brûlée en 1790 par des fanatiques. On a reconstruit l'église à la fin du Second Empire. Mais le cloître est toujours là, ainsi que la maison de Nicolazic, devenue musée. La foule des pèlerins n'a pas décru. Au grand pardon de juillet, l'affluence des coiffes reste grande.

Un double caractère, maritime et champêtre, fait le charme du Bono, un délicieux petit port parmi les arbres, et celui de tout l'estuaire de la rivière d'Auray. En amont, le Sal et le Loc, à Pont-Sal et à Tréauray, ont une douceur idyllique. A l'ouest, une voie ferrée et une route partant d'Auray doivent se serrer pour entrer l'une et l'autre dans la presqu'île de Quiberon. Elles traversent une pinède peu touffue, maigre souvenir de la forêt qui couvrait, dit-on, la presqu'île quand Hoël de Cornouaille y courait le cerf, et longent le Fort-Penthièvre, tragique citadelle où des Français s'entr'égorgèrent en juin 1795 et où furent exécutés cinquante-neuf patriotes en juillet 1944.

La presqu'île a bien changé depuis quelques années : on a beaucoup construit. A Quiberon même, le vieux quartier de Port-Maria a fait place à un port d'aspect plus moderne. Mais c'est à Port-Haliguen surtout, admirablement agencé, que les navires de plaisance trouvent un abri près de l'établissement de thalassothérapie le plus connu de France, fréquenté par les hommes d'affaires surmenés, les industriels désireux de retrouver l'énergie, pour qui on a créé un aérodrome.

Les villages voisins, Saint-Pierre, Kerhostin, ont profité de cette vogue. De l'autre côté, c'est la côte sauvage, falaises de granit, grèves rocheuses, anses de sable où Port-Rhu, Port-Gwen et Port-Bara ne sont que de petits ports. Les houles du large s'y ruent et s'y brisent. La côte semble prolonger les îles.

Ces îles, ce sont Houat et Hoëdic, le Canard et le Caneton. Encore vierges de villégiatures, deux plateaux granitiques comme Groix, mais un peu plus découpés, et d'un granit plus rouge, où l'on vivait de façon patriarcale dans les rez-de-chaussée à l'uniforme breton, dans les barques pleines de casiers à homards, dans l'herbe de la prairie et le sillon du champ.

De Quiberon ou de Vannes, une petite heure de roulis dans les coureaux, et l'on débarque à Belle-Ile, que les Bretons appellent la Grande-Ile — *Enez-ar Guer-Veur* — et qui fut autrefois *Guezel.*

Qui voit Belle-Ile voit son île, assure un dicton. C'est-à-dire, sans doute, une île selon son désir et son goût. Il est vrai : malgré la rudesse des falaises voisines, l'air renfrogné de la citadelle, et le souvenir d'une histoire assez dramatique où Retz, Fouquet, Vauban et les Anglais ont tenu des rôles, l'aménité belliloise se sent dès le port du Palais. Des maisons, porte ouverte, font le cercle autour. Derrière, un aimable vallon. Sauzon, sur une sorte de fjord, est l'asile de la paix à proximité d'une côte redoutable. La descente de Locmaria à Port-Maria, à l'autre bout de l'île, est d'une grâce austère et pénétrante. Une grande douceur de climat et, dans les creux que le vent survole, une chaleur parfois africaine favorisent les cultures, quoique les fougères et les ajoncs soient beaucoup moins rares que les arbres. Il y a des moutons, des porcs, des vaches, des chevaux. Cette bucolique est une nécessité vitale dans une île aussi pauvre en ports : car les Port-Coton, Port-Donnant, Port-Goulphar sont de ces ports morbihannais auxquels le titre de port doit suffire. Mais on comprend que les visiteurs n'aient d'yeux que pour l'architecture tourmentée de la côte rocheuse. Ces roches, d'un schiste sombre, micacé et veiné de quartz, n'ont pas l'aspect puissant des granits de Portsall et de Penmarc'h : mais ce fut peut-être une chance pour Monet, moins soucieux des volumes que des lumières frisantes et des lignes tremblées, d'avoir à rendre leurs ponts, leurs arches, leurs aiguilles, leur masse qui paraît instable et mûre pour le morcellement, mais qui résiste aux plus violents assauts de la houle.

Au retour de Belle-Ile, nous pouvons débarquer à Vannes. Ce fut, au temps des ducs, l'une de leurs capitales, la ville de l'Hermine, dont le château bâti par Jean le Conquéreur portait le nom. Vannes, en 1487, l'année de Saint-Aubin du Cormier, hébergeait les états de Bretagne; de même quand ils signèrent, en 1532, l'acte d'union. Et c'est à Vannes que le parlement de Rennes en exil dut séjourner quatorze ans, après 1675. Vannes, centre d'érudition provinciale, en possession d'un musée archéologique important, est une ville qui se souvient. Le quartier de la cathédrale a des maisons à pignon sur rue dont l'une porte deux cariatides burlesques nommées Vannes et sa Femme. La cathédrale elle-même, dédiée à saint Pierre, mais pleine du souvenir de Vincent Ferrier, apôtre catalan de la Bretagne, est grave, austère. En réalité, pas antérieure au XVe siècle, sauf la tour du nord, et le XVIe, même le XVIIIe y ont travaillé. Des restes importants de muraille crénelée et des tours dominant un jardin à la française; un lavoir archaïque dans une ancienne douve, où court entre des lauriers énormes un noir ruisseau; une porte-Prison avec une tour sur deux; une porte Saint-Vincent datant de Louis XIV; sur une colline hors les murs, une belle promenade ombreuse et fleurie : la Garenne, ensanglantée jadis par des exécutions d'émigrés et de chouans; au bord de l'eau, entre le petit port et de vieilles maisons à l'air confortable, une autre promenade, la Rabine, avec un buste en bronze d'Alain Lesage sous de vieux ormes : voilà qui suffirait à maintenir dans Vannes, sans crasse, désuétude ni mélancolie, un ton vieille-Bretagne et vieille-France. C'est une ville patriote, et qui l'a prouvé en des jours critiques.

La ville qui compte aujourd'hui près de cinquante mille habitants s'étend maintenant le long de faubourgs bordés de grands ensembles. Plusieurs industries animent la vieille cité.

Un nom, sur la côte vannetaise, résume la préhistoire bretonne : c'est Carnac. Des mégalithes dans le Morbihan, la lande de Lanvaux en est semée. Mais c'est ici le centre du gigantesque ossuaire qui a fait appeler ce pays la terre des Morts. Depuis Erdeven, depuis Plouhinec, ces pierres escortent le voyageur et lui proposent des énigmes : mais leurs rassemblements les plus prodigieux, c'est sur le territoire de Carnac qu'on les voit, à Kermario et au Ménec. Rassemblées ou dispersées, peuplant la lande odorante, le sous-bois des pins, le rivage comme à Locmariaker, des îles comme Gavrinis ou Er Lanic, elles sont là depuis des milliers d'années, elles ont vu Jules César, les Vénètes, les druides qui, loin de les avoir dressées ou posées, n'étaient que des enfants pour elles. Le tertre Saint-Michel, avec sa chapelle couronnant un galgal, marque l'emprise chrétienne sur ces témoins d'un culte oublié.

Il existe un Carnac-plage d'une douceur aussi ensoleillée qu'on peut l'espérer en Bretagne avec ses villas et ses hôtels cachés dans les pins, et un Carnac-bourg qui respire le bien-être autour d'une belle église au portail imposant. Saint Cornély, patron des bœufs, règne sur lui. Quels que soient le mystère lointain et la sorcellerie durable de cet Armor pétré, on n'y vit pas hors du siècle. Il a une industrie considérable, qui est l'élevage des huîtres. L'estuaire du Crach, que franchit le pont de Kérisper, devant le port lumineux de La Trinité, récemment agrandi, celui de la rivière d'Auray, depuis le verdoyant Bono jusqu'au préhistorique Locmariaker, sont les deux vastes chambres où le naissain, fixé aux collecteurs de tuile, et recevant les soins de toute une population, attend l'âge prescrit pour aller dans les claires colorantes de Marennes ou directement sur la table des gourmets.

Le *Mor Bihan* — le Golfe, dit-on plutôt — qui a donné son nom au département, est une minuscule méditerranée capricieusement dentelée de criques et de caps, nourrie de ruisseaux et semée d'îles. Autant d'îles que de jours dans l'année, assure un dicton qui ne vient pas de Marseille. Violence des courants, douceur des verdures, une fois de plus l'éternel contraste se vérifie. Conleau est le plus clair sourire de Vannes, au bout d'une chaussée qui l'empêche d'être tout à fait une île. L'île d'Arz a sa vieille église et ses maisons de pêcheurs; l'Ile aux Moines, ses villas et son Bois d'Amour.

Port-Navalo, au bout de la presqu'île de Rhuys, domine l'entrée de cette petite mer intérieure que les yachts sillonnent, croisant la voile double et rose des *sinagots*, que le moteur n'a pas évincée.

Pendant trois mois la Compagnie vannetaise de Navigation assure le service du golfe entre Vannes et Port-Navalo. La route de terre est plus longue. Il faut, par Noyalo et Saint-Armel, contourner des anses, des marais et des parcs, avant d'arriver à la terre de Rhuys. Terre heureuse, la seule de Basse-Bretagne où la vigne, jadis plus répandue, croisse encore. « Le vin de Ruys », qu'on appelait « vin breton », se transforme aujourd'hui en une eau-de-vie assez délectable. Le Goffic attribuait un rôle à ce vignoble dans la gaieté de Lesage, enfant de Sarzeau, où sa maison natale se voit toujours.

Mais la terre de Rhuys est heureuse du côté du golfe surtout. Deux stations balnéaires nouvelles avec un vaste port pour la navigation de plaisance ont été établis, l'une au dessus du château de Sucinio, l'autre en bordure de la plage de Kerjouanno.

Du côté du large, c'est l'Armor dénudé, le royaume des vents. Au fond d'une étroite baie que la mer y creuse, Arzon abrite depuis des siècles un petit peuple de pêcheurs et de navigateurs hardis. Saint-Gildas, près de la pointe du Grand-Mont, garde en souvenir du monastère qu'y fonda Gueltas, un des saints de l'immigration, et que gouverna pour ses péchés Abélard, une abbatiale de style roman, devenue paroissiale. Enfin Sucinio, le château que fit bâtir le duc Pierre de Dreux et qui aurait menti si souvent à son nom si ce nom signifiait bien « sans souci », n'est depuis la Révolution qu'une ruine, mais quelle ruine ! Enracinés dans une brousse verte, roussis, noircis, compacts, la plupart des murs et les tours tiennent encore magnifiquement. L'amateur d'archéologie distinguera aisément les diverses époques de la construction; les courtines et les tours des XIIIe et XIVe siècles du front nord, couronnées de mâchicoulis au XVe siècle; il contemplera la tour neuve, du même temps, véritable donjon aux murs épais de cinq mètres; il s'attardera auprès des traces de la brèche ouverte en 1373 par Du Guesclin, qui arracha Sucinio à sa garnison étrangère. Arrêtons notre tour de Bretagne devant ce grand squelette généreusement aéré.

Il est en effet des images que les yeux, que le cœur reconnaissent et qu'ils dotent d'une vertu de symbole.

La ruine historique de Sucinio nous offre une de ces images. Toute ruine n'est pas belle : le granit breton est d'autant plus beau qu'il est plus vieux.

La Bretagne, c'est encore cette maison de paysan sous les arbres, avec ce col bleu de marin de France parmi des coiffes.

C'est ce puits à robuste margelle, qui paraît ancien.

C'est cet étroit chemin creux plein d'ombre et de secret.

C'est ce village que traverse la grand-route des autos et des credos du jour, et qui n'a pas l'air de le savoir, quoiqu'il le sache.

C'est cette barque de pêcheur dans la passe où, même aux beaux jours, la mer brise.

C'est, au bord d'une palud, ce simple calvaire et, près de lui, ce tenace arbuste à qui le vent de mer n'a pas permis d'être un arbre.

C'est cette jeune fille vêtue de blanches dentelles pour un pardon, qui tourne le dos au monde et regarde la mer : elle dansera ce soir.

C'est — c'était du moins — cette femme en coiffe, qui joint les doigts et qui prie avec tant de naturel et de dignité, de toute son âme.

TABLE DES ILLUSTRATIONS

37. Rennes : Déesse du Ménez-Hom (palais des musées).
38. Rennes : Georges de la Tour : le Nouveau-né (palais des musées).
39. Rennes : détail du plafond du théâtre. La Danse en Bretagne, par Lemordant.
40. La Baule et Pornichet.
41. Pornic.
42. Le Croisic.
43. Le Pouliguen.
44. La Baule.
45. Missillac : le château de la Bretesche.
46. Malestroit : la place du Bouffay.
47. Rochefort-en-Terre : la Grande-Rue.
48. Châteaugiron : le château.
49. Les « Demoiselles de Langon ».
50. Hédé.
51. Guérande : la porte Saint-Michel.
52. Redon : le clocher de l'église Saint-Sauveur vu du cloître.
53. Trécesson : le château.
54. Dinan : la Rance et le vieux pont.
55. Dinan : la porte du Jerzual.
56. Dinan : la rue de l'Horloge.
57. Dinan : la tour de Coëtquen vue du château.
58. Dol : le grand porche de la cathédrale.
59. Le mont Dol.
60. Saint-Servan : la tour Solidor.
61. Saint-Servan : vue générale.
62. Saint-Servan : après le marché.
63. Dinard : la plage de l'Écluse.
64. Usine marémotrice de la Rance.
65. Usine marémotrice de la Rance.
66. La tombe de Chateaubriand sur le Grand-Bé.
67. Rothéneuf : les rochers sculptés.
68. Saint-Malo : la statue de Surcouf et le clocher de l'église Saint-Vincent.
69. Saint-Malo : le front ouest des remparts.
70. Saint-Malo : les remparts et le bassin Vauban.
71. Saint-Malo : cour de la Houssaye. La maison du Cheval Blanc.
72. Saint-Malo : la tour Qui-qu'en-grogne.
73. Saint-Lunaire : le tombeau de saint Lunaire.
74. Cancale : les parcs à huîtres.
75. Quintin : l'étang et le château.
76. Combourg : le château.
77. Combourg : l'étang.
78. La Touche-Trébry : le château.
79. Saint-Brieuc : vieille maison, rue Fardel.

80. Saint-Brieuc : le viaduc de Toupin et le quartier de Cesson.
81. Saint-Brieuc : la cathédrale Saint-Étienne.
82. Guingamp : la fontaine de la Pompe et Notre-Dame de Bon Secours.
83. Erquy : école de voile.
84. Pointe de l'Arcouest et île de Bréhat.
85. Paimpol : le port.
86. Saint-Quay-Portrieux : la place du Châtelet.
87. Le fort Lalatte.
88. Cap Fréhel : la Grande Fauconnière.
89. Le Guildo : ruines du château.
90. La Hunaudaie : tours d'angle du château.
91. Le château de Josselin et l'Oust.
92. Guerlédan : le lac.
93. Moncontour : Chapelle Notre-Dame du Haut : saints guérisseurs.
94. Ploërmel : portail nord de l'église Saint-Armel.
95. Ploërmel : la maison des Marmousets.
96. Ploërmel. Église Saint-Armel : le tombeau des Montauban.
97. Guéhenno : détail du calvaire.
98. La Trinité, près de Rosporden.
99. Concarneau : sur les remparts de la ville close.
100. Concarneau : vue extérieure de la Criée.
101. Concarneau : la Criée.
102. Concarneau : le marché aux poissons.
103. Plogonnec : saint Claude (église).
104. Plogonnec : l'église.
105. Saint-Gildas : la chapelle.
106. Goulit-an-Dréo, près de Cast.
107. Douarnenez : vue générale.
108, 109, 110. Douarnenez : sur le port.
111. Pointe du Raz.
112. Concarneau.
113. Saint-Herbot.
114. Église de Guimiliau : saint Roch.
115. Guimiliau. Église. Détail du retable de Saint Joseph : saint Yves entre le riche et le pauvre.
116. Locronan : le tombeau de saint Ronan.
117. Château de Sucinio.
118. Marais salants de Saillé.
119. La Grande Brière.
120. Concarneau : chargement de glace.
121. A Audierne.
122. Coiffe de Fouesnant.
123. Mouettes.
124. Coiffe de Fouesnant.

257. Lorient : le clocher de l'église Saint-Louis.
258. Lorient : l'hôtel de ville.
259. Lorient : le palais des Congrès.
260. Lorient : ancien port de commerce et quai des Indes.
261. Lorient : le port de pêche.
262. L'île de Callot et Carantec.
263. La presqu'île de Quiberon.
264. Auray : le quartier Saint-Goustan.
265. Etel : le port.
266. La Côte Sauvage, près de Quiberon.
267. La Trinité-sur-Mer. Le port et le pont de Kerisper.
268. La Trinité-sur-Mer : le centre d'ostréiculture de Saint-Philibert.
269. Larmor-Baden : ostréiculture.
270. Vannes : vieilles maisons et tour de la cathédrale.
271. Vannes : lavoir au bord du Rohan, la tour du Connétable et l'église Saint-Patern.
272. Saint-Gildas-de-Rhuys : le chevet de l'église.
273. Au trapèze à bord d'un ponant.

INDEX PHOTOGRAPHIQUE

TABLE DES MATIÈRES

RELEVÉ PHOTOGRAPHIQUE

La documentation photographique illustrant cet ouvrage est due à M. H. Paillasson, à l'exception des numéros suivants : Nos 129, 135, 144, 145, 177, 178, 183 à 185, 192, 206 à 209, 214, 217, 219, 222, 241 (M. Audrain) — Nos 17, 67, 72, 175, 188, 218, 243 (B. Aury) — Nos 153, 182 (H. Bertault) — Nos 94, 97 (Abbé Bretocq) — No 146 (J. Crommelynck) — No 12 (J. Dortes) — Nos 11, 93 (A. Fage) — Pages 6, 7, nos 139, 273 (Le Cossec) — Nos 22 à 25, 113, 114, 116 à 124 (Marmounier) — Nos 38, 256 (E. Mas) — No 13 (Musée des Beaux-Arts de Nantes) — No 37 (Musée de Rennes) — Nos 112, 262, 263 (Perceval) — No 87 (E. Quéméré-Cédri) — No 6 (A. Trincano).

Clichés exclusivité Arthaud. Opérateurs : M. Audrain, B. Aury, H. Bertault, Abbé Bretocq, J. Crommelynck, J. Dortes, A. Fage, H. Paillasson et A. Trincano.

Achevé d'imprimer le 25 avril 1975 par la SCOP-SADAG à Bellegarde. Héliogravure et texte sur papier Chromo Aussedat des Papeteries de France. Illustrations en offset sur papier couché mat Job. Liseuse couleurs sur papier couché des Papeteries Marcel Laroche. Reliure « toile Texlibris » par l'Atelier du Livre.

N° d'édition : 1328 N° d'impression : 1120

Dépôt légal : 2e trimestre 1975

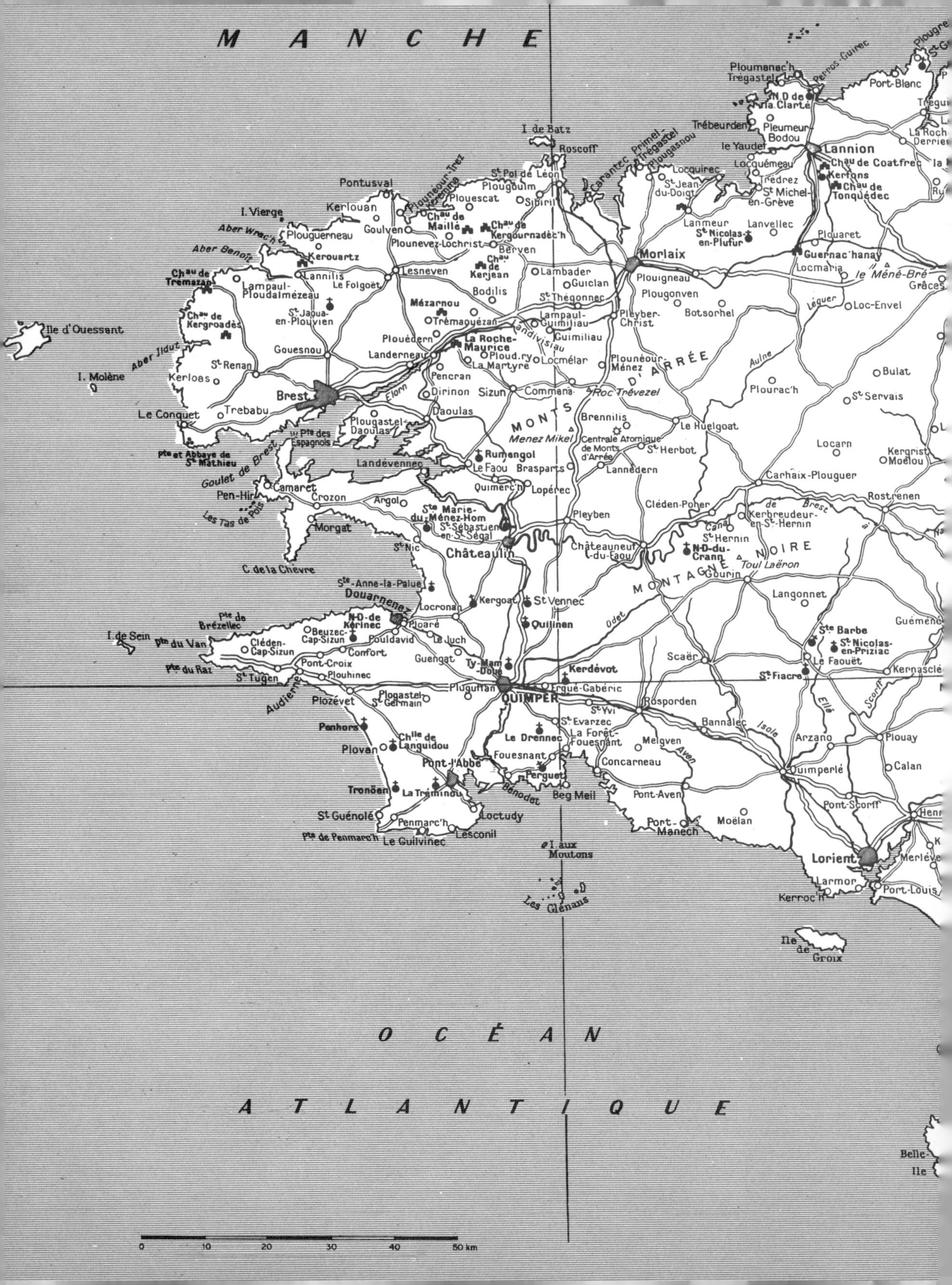
MANCHE
OCÉAN
ATLANTIQUE
Ile d'Ouessant
I. Molène
I. Vierge
Aber Wrac'h
Aber Benoît
Aber Ildut
Chau de Tremazan
Chau de Kergroadès
Lampaul-Ploudalmézeau
Kerlouan
Pontusval
Plouguerneau
Kerouartz
Lannilis
Le Folgoët
Lesneven
Goulven
Plounéour-Trez
Plouescat
Chau de Maillé
Chau de Kergournadec'h
Plounevez-Lochrist
Berven
Kerjean
Plougoulm
St Pol de Léon
Sibiril
I. de Batz
Roscoff
Carantec
Primel-Trégastel
Plougasnou
Locquirec
St Jean-du-Doigt
Lanmeur
St Nicolas-en-Plufur
Lanvellec
Ploumanac'h
Trégastel
Perros-Guirec
N.D de la Clarté
Trébeurden
Pleumeur-Bodou
le Yaudet
Locquémeau
Trédrez
St Michel-en-Grève
Lannion
Chau de Coatfrec
Kerfons
Chau de Tonquédec
Port-Blanc
Plouaret
Guernac'hanay
Locmaria
le Méné-Bré
Loc-Envel
Léguer
Morlaix
Plouigneau
Plougonven
Botsorhel
Lambader
Guiclan
St Thégonnec
Bodilis
Mézarnou
Trémaouézan
St Jaoua-en-Plouvien
Plouédern
La Roche-Maurice
Landivisiau
Lampaul-Guimiliau
Guimiliau
Pleyber-Christ
Landerneau
Ploud.ry
La Martyre
Locmélar
Plounéour-Ménez
Gouesnou
St Renan
Kerloas
Brest
Elorn
Pencran
Dirinon
Sizun
Commana
Roc Trévezel
MONTS D'ARRÉE
Menez Mikel
Brennilis
Centrale Atomique de Monts d'Arrée
St Herbot
Le Huelgoat
Lannédern
Le Conquet
Trebabu
Plougastel-Daoulas
Daoulas
Pte des Espagnols
Pte et Abbaye de St Mathieu
Goulet de Brest
Landévennec
Rumengol
Le Faou
Brasparts
Quimerc'h
Lopérec
Camaret
Pen-Hir
Les Tas de Pois
Crozon
Argol
Morgat
Ste Marie-du-Ménez-Hom
St Sébastien en-St Ségal
Pleyben
St Nic
Châteaulin
C. de la Chèvre
Ste Anne-la-Palue
Douarnenez
N-D de Kerinec
Ploaré
Locronan
Kergoat
St Vennec
Quillinen
Pte de Brézellec
I. de Sein
Pte du Van
Pte du Raz
Cléden-Cap-Sizun
Beuzec-Cap-Sizun
Pouldavid
Le Juch
Confort
Pont-Croix
Plouhinec
St Tugen
Audierne
Guengat
Ty-Mam-Doué
Kerdévot
Pluguffan
QUIMPER
Ergué-Gabéric
Plozévet
Plogastel-St Germain
Penhors
Chlle de Languidou
Plovan
Pont-l'Abbé
Tronoën
La Tréminou
St Guénolé
Penmarc'h
Pte de Penmarc'h
Le Guilvinec
Lesconil
Loctudy
Bénodet
Le Drennec
St Yvi
St Evarzec
La Forêt-Fouesnant
Fouesnant
Perguet
Beg Meil
I. aux Moutons
Les Glénans
Concarneau
Melgven
Aven
Pont-Aven
Pont-Manech
Moëlan
Rosporden
Bannalec
Quimperlé
Isole
Ellé
Scorff
Arzano
Plouay
Calan
Pont-Scorff
Lorient
Larmor
Kerroc'h
Port-Louis
Ile de Groix
Belle-Ile
Carhaix-Plouguer
Cléden-Poher
Châteauneuf-du-Faou
Canal de Nantes à Brest
Kerbreudeur-en-St-Hernin
St Hernin
N-D-du-Crann
MONTAGNE NOIRE
Toul Laëron
Gourin
Langonnet
Odet
Scaër
Ste Barbe
St Nicolas-en-Priziac
Le Faouët
St Fiacre
Kernascléden
Guémené
Rostrenen
Locarn
Kergrist-Moëlou
Plourac'h
St Servais
Bulat
Aulne
0 10 20 30 40 50 km